SADIO MANE
La promesse de Bambali

Sa véritable histoire

Bassirou SAKHO

& Yannick RAUCH

AIDA Edition

SADIO MANE
La promesse de Bambali

Sa véritable histoire

Bassirou SAKHO

& Yannick RAUCH

AIDA Edition

Note de l'éditeur

Aïda édition est fière aujourd'hui d'enrichir son catalogue avec « La Promesse de Bambali » qui évoque le destin hors-normes de la star sénégalaise du ballon rond, Sadio Mané qui a permis à son pays d'être champion d'Afrique pour la première fois de son histoire. Les fans de ce fils prodigue vont enfin découvrir l'histoire vraie de ce footballeur d'exception, parti de son petit village de Bambali en Casamance, qui a fait les beaux jours du FC Metz avant ceux du Liverpool Football Club et du Bayern de Munich et de s'engager sous les couleurs du Al-Nassr.

Aïda édition est heureuse d'accueillir ses deux talentueux auteurs : Bassirou Sakho, diplômé de la London Business School en commerce international, professeur d'anglais et conseiller sportif affilié à la Fédération anglaise et Yannick Rauch, diplômé en sciences sociales de l'université Paris-Descartes. Les deux hommes sont par ailleurs co-fondateurs de l'agence Playmaker Sport Agency.

Tous deux ont suivi Sadio Mané depuis ses premiers pas en sélection avec le Sénégal aux Jeux Olympiques de Londres en 2012 et recueilli des témoignages exclusifs auprès de sa famille, ses amis et ses collègues sur le terrain. Ils ont patiemment enquêté et emprunté l'itinéraire international du joueur en prenant soin à chaque fois de recouper leurs informations. Précisons que ce récit n'est pas une biographie officielle de

Sadio Mane mais le portrait d'un footballeur d'exception.

C'est cette somme de travail que nous avons le plaisir de vous présenter en sachant que ce récit est appelé à faire date dans les annales du football international.

Jean-Yves Duval

Directeur éditorial Aïda édition

Avant-propos

À quoi bon narrer la vie d'un footballeur alors que les médias et réseaux sociaux le font quotidiennement ? Quel est l'intérêt de faire, de la vie d'un homme, un livre ? Telles sont les questions légitimes que tout lecteur peut se poser en ouvrant les premières pages de cet ouvrage.

Raconter l'histoire de Sadio Mané revêt un sens particulièrement significatif, tant l'homme, bien plus que le footballeur, est source d'inspiration.

Submergée d'informations, notre mémoire tend à classer, trier et oublier certains hommes inspirants bien qu'ils aient marqué l'histoire, notamment par leurs actes. Et c'est aussi pour les plus jeunes qui suivront, et avec toute l'humilité dont sont empreints ses rédacteurs, que ce livre à pour infime vocation, de pouvoir garder une trace indélébile, physique ou numérique, de l'investissement d'un homme dévoué à venir en aide à sa communauté.

La vie de l'enfant de Bambali, fondamentalement mécène de toute une région, mérite d'être mise en avant, tant sa générosité et sa volonté ont permis l'amélioration des conditions de vie de son peuple. À Bambali, l'État, c'est Sadio Mané.

Ce livre se veut être, à la fois un complément aux informations médiatiques sur Sadio Mané mais aussi, et surtout, une source d'inspiration pour les jeunes, sportifs ou non. Très souvent les médias se focalisent sur les qualités footballistiques du sénégalais. Or, ici, nous faisons un pas de côté quant à cette approche verticale. Dans ce livre, nous démontrons que Sadio Mané fut d'abord un enfant de Bambali avant d'être un joueur de renommée mondiale. En tant qu'enfant de Bambali, il a été confronté aux mêmes réalités que tous les jeunes de son âge : problème de scolarisation, la prégnance de la religion, le désamour des parents pour le football, etc. Notre but est de tenter de déceler, d'une part, comment il a pu faire fi de ces obstacles sociologiques pour devenir une étoile brillante du football sénégalais et mondial. Et d'autre part, démontrer qu'il n'a pas oublié ses racines et les réalités du quotidien, inhérentes à cette contrée du Sénégal. Sans être exhaustif, cet ouvrage tente de permettre, tant que faire se peut, au lecteur d'avoir une vue panoramique de la vie de Sadio Mané.

I. Délivrance

Dimanche 6 février 2022, il est 20h à Yaoundé. Le Sénégal s'apprête à jouer sa troisième finale de Coupe d'Afrique des Nations, au Stade Paul Biya Olembe, au Cameroun. Sa deuxième finale consécutive après celle perdue au Caire contre l'Algérie en 2019. Cette cruelle défaite de 1 but à 0 reste un douloureux souvenir dans la mémoire collective de la nation sénégalaise.

La concentration se lit sur le visage des vingt-deux acteurs qui s'apprêtent à pénétrer sur la pelouse. L'adversaire des Lions de la Teranga, ce soir, n'est autre que l'Égypte de Mohamed Salah, coéquipier de Sadio Mané à Liverpool. Si au quotidien, les deux attaquants font le bonheur des Reds, ce soir, la rivalité sera âpre et les deux acolytes ne s'offriront aucun cadeau. La fierté des deux nations se joue ce soir.

Un regard vers les cieux, puis un second, Sadio semble imperturbable, confiant, serein. Dernier sénégalais à sortir du couloir menant au rectangle vert, le numéro 10 suit les pas de son coéquipier Ismaila Sarr. Le «11» sénégalais se met en place pour écouter le «Lion rouge», l'hymne du pays. Main droite sur le cœur, épaule contre épaule, les joueurs sont en mission. Un seul objectif commun, ramener le trophée à Dakar.

Le premier tournant du match intervient dès la 7ème minute de jeu lorsque Sadio Mané, après une course rapide et un tir puissant, obtient un penalty qui est repoussé par le portier égyptien Mohamed Abougabal. Pourtant, cet échec ne sape pas la confiance de l'équipe du capitaine Koulibaly. L'équipe mise en place par Aliou Cissé se replace, motivée et confiante comme jamais. Le Sénégal domine le match mais ne parvient pas suffisamment à bousculer le bloc égyptien pour prendre l'avantage.

A la fin du temps réglementaire, le Sénégal et l'Égypte se neutralisent, le score reste vierge et les 22 acteurs ont droit à 30 minutes de temps supplémentaire pour se départager. Au bout des prolongations intenses où le Sénégal aura fait, en vain, l'assaut du but des pharaons, le résultat ne connaît aucune évolution.

C'est donc la redoutable séance de tirs au but qui va permettre de désigner le prochain champion d'Afrique. Cette épreuve passe au révélateur de l'histoire la capacité des grands joueurs à se transcender et ne pas se laisser dominer par la pression de tout un peuple. Une séance de penalties avec sa charge émotionnelle, ses héros et ses bannis. Entre frissons, rires et larmes.

Ces dénouements exceptionnels, lors de séances de tirs au but, ont toujours eu un côté dramatique dans l'histoire du football. On se souvient encore de la finale de la CAN 2015 entre le Ghana et la Côte d'Ivoire. Une finale très serrée, de bout en bout, où pour la deuxième fois seulement de l'histoire d'une grande compétition, les 22 joueurs ont dû tirer. Après deux ratés et huit réussites dans chaque équipe, les gardiens se sont expliqués entre eux. Pris de crampes, le gardien de la Côte d'Ivoire de l'époque Copa Barry, a d'abord arrêté le penalty de son homologue Razak avant de lui-même placer le sien dans la lucarne.

Dans le même registre des matchs épiques et conclus aux tirs au but, comment ne pas évoquer « Le miracle d'Istanbul ». Cette finale de Ligue des Champions de 2005 où le Milan AC pensait avoir fait le plus dur en menant 3-0 en première mi-temps. Mais c'était sans compter avec l'incroyable remontada de Liverpool qui s'était permis d'égaliser à 3-3 en seulement… 6 minutes. Prolongation puis tirs au but. Le héros de cette nuit turque s'appellera Dudek, bourreau du redoutable attaquant ukrainien Shevchenko que le gardien polonais venait d'écœurer 5 minutes avant. Un double arrêt monstrueux en fin de prolongations puis là pour stopper le dernier tir au but qui offre la victoire aux Reds.

De grands joueurs, parmi les meilleurs, s'y sont cassé les dents par le passé. Un duel tant technique que psychologique, où la fraîcheur physique et mentale à son mot à dire.

Conscient de l'importance de ces multiples aspects, Aliou Cissé rassemble ses joueurs et son staff pour un discours fort, qui rassure, en leur donnant la confiance nécessaire pour affronter la tension à venir. Les cinq tireurs sont choisis par le sélectionneur, libre à eux de définir leur ordre de passage. Les cœurs battent fort dans les tribunes, l'adrénaline monte. Dans le box réservé à la presse, les commentaires de la chaîne publique sénégalaise RTS1 et des autres journalistes internationaux augmentent la pression pour les spectateurs du monde entier, présents devant leur poste de télévision. Le moment n'est vraiment pas indiqué pour les supporters les plus tendus, tant les minutes à suivre s'annoncent intenses.

A ce même moment, un silence assourdissant envahit toutes les rues du Sénégal. De Dakar à Ziguinchor, tout le pays a les yeux rivés sur la retransmission du match. Le stress est palpable, d'autant plus que c'est le Sénégal qui débute la séance. Kalidou Koulibaly, capitaine de l'équipe, s'avance la mine sérieuse vers le but pour faire face au redoutable gardien égyptien Mohamed Abou Gamal. D'un tir franc et décisif, il inscrit le premier but d'une série de penalty qui sera émaillée d'émotion tout au long de l'épreuve. Zizo égalise pour l'Egypte avant que le défenseur Abdou Diallo redonne l'avantage au Sénégal. Le tir d'Abdelmoumen pour le compte de l'Egypte croise le poteau. Ce premier duel raté permet au Sénégal de prendre un premier avantage sur son adversaire. Malheureusement pour les verts et jaunes, Bouna Sarr rate sa tentative. Ghabaski[1] redonne de l'espoir à toute l'Egypte et maintient son équipe dans la course vers la victoire. Marwan avec beaucoup de lucidité transforme sa tentative et remet les deux équipes à égalité. Deux buts partout. Le jeune Bamba Dieng, plein d'assurance malgré son inexpérience, redonne l'avantage au Sénégal. Edouard Mendy, le meilleur gardien du monde, par un bel arrêt du tir de Lachine,

[1] Le surnom du gardien Egyptien Mouhamed Abou Gabal

offre au Sénégal une balle de match, une balle de CAN.

Sadio Mané est le cinquième tireur pour le Sénégal, lui qui avait raté son penalty plus tôt dans le match. Sadio, concentré et confiant, semble déterminé à transformer cette balle de CAN et marquer l'histoire des lions de la Téranga. Partant du rond central, il esquisse ses premiers pas vers sa destinée. Il se stoppe, rebrousse chemin et rejoint ses coéquipiers. Il leur annonce sereinement qu'ils s'apprêtent enfin à devenir champion d'Afrique. Une annonce pleine d'audace ! Il avance d'un pas ferme et assuré vers le point de penalty. Il est l'espoir de tout un peuple. Que se passe-t-il dans la tête de Sadio lorsqu'il effectue ces dizaines de mètres qui séparent le rond central du point de penalty ? A quoi pense-t-il en ce moment ? A son défunt père Karamo Mané, parti très tôt ? A sa mère Adjaratou Satou Touré qui l'a toujours soutenu ? A sécher les larmes de son entraîneur Aliou Cissé, d'El Hadj Diouf, de Khalidou Fadiga et de toute la génération qui avait perdu sa finale en 2002 au Mali, aux tirs au but face au Cameroun ? A la légende Jules François Bocandé, cet ancien international qui a fait les beaux jours du football sénégalais qui souhaitait voir le Sénégal champion d'Afrique de son vivant ? A Abdoulaye Diaw reporter sportif, qui avec ses commentaires, a bercé son enfance ? A son village de Bambali, où il avait pleuré en tant que jeune supporter lorsque le Sénégal a perdu la finale 2002 ?

Sadio prend le ballon en main, le fait tourner deux fois en le plaçant minutieusement sur le point blanc. Ce n'est plus le moment de se poser des questions. En reculant de 13 pas pour prendre de l'élan, il lève les yeux vers le ciel. Pour implorer les dieux du foot ? Son tir d'une force maîtrisée, démolit le « grand barrage » Ghabaski et envoie le Sénégal au firmament du football africain.

C'est fait ! Le Sénégal est champion d'Afrique pour la première fois de son histoire, grâce à son prodige, Sadio Mané. Ce soir, un titre et deux histoires se croisent. Si la lumière brille sur la nation sénégalaise, rien n'était gagné d'avance pour le numéro 10, tant son parcours depuis son petit village de Bambali, en Casamance est semé d'embûches.

Il fallait le faire, il l'a fait comme pour reprendre la célèbre chanson de l'artiste Sénégalais Youssou Ndour, sortie juste après cette belle victoire.

II. Bambali, la maudite

Bambali, ce lieu qui a vu grandir le héros de cette CAN 2022, est un village de la moyenne Casamance. Situé à une quinzaine de kilomètres au sud de la capitale régionale Sédhiou, sur la rive nord du fleuve Casamance. Le village compte environ 2000 âmes selon le dernier recensement. Resté très longtemps dans l'anonymat, Bambali Abwoulé, qui signifie « Chez les Diables » en langue Balante[2], est aujourd'hui aussi célèbre que les grandes villes sénégalaises que sont Dakar, Thiès, Ziguinchor ou Saint Louis. Et ce, bien entendu grâce aux performances de son footballeur prodige, Sadio Mané.

Et pourtant, rien ne prédisposait cette mise en exergue de ce village « Chez les Diables » parmi les places célèbres du Sénégal. A l'origine de cette dénomination, une terrible histoire de bannissement : une peine décidée par la communauté et infligée à un groupe de Balantes qui se retrouvèrent ainsi traités de diables et obligés de s'exiler. D'où le nom de Bambali Abwoulé, donné à cet emplacement où décida de s'installer ce groupe jadis exclu. Paradoxe du sort, c'est de ce lieu banni que jaillit cette belle étoile du ballon rond, ce dieu du foot national qui offre au Sénégal, son premier trophée continental, disons sa première étoile africaine.

[2] Balante est une langue mais aussi un groupe ethnique de la Casamance au sud du Sénégal.

Cette nuit du 6 février 2022, le fils « des diables » se transforme donc en héros de la Nation, permettant, en l'espace de quelques secondes, grâce à un penalty victorieux, d'attirer encore plus sur son village, la curiosité de tout un pays. Bambali pour Sadio, c'est Médina pour Youssou Ndour, c'est Joal pour Senghor, c'est Ziguinchor pour Ousmane Sonko. De ces endroits devenus objets de reportages télévisuels après avoir vu naître ou grandir un illustre sénégalais.

Peuplé, à l'origine de Balantes, Bambali est aujourd'hui cosmopolite avec l'arrivée d'autres groupes ethniques comme les Mandingues et les Manjacks, qui vivent en harmonie avec les autochtones. Sadio est issu des familles Mané du côté de son père et Touré du côté maternel. Installées à Bambali au 20ème siècle, ces familles sont originaires de l'actuelle Guinée Bissau, et plus précisément du royaume Gabu. Royaume dirigé par les Nianthio[3], « les guerriers » en langue mandingue parmi lesquelles les familles Mané et Sané, dont Djibril Tamsir Niane nous explique l'origine, dans Histoire des mandingues de l'Ouest.

Pour se rendre à Bambali, ne comptez pas sur un vol régional, ni une ligne ferroviaire. Non ! Il faut sillonner des milliers de kilomètres par l'une des rares routes nationales passant par la ville de Sédhiou. Le voyage est difficile, long, un véritable périple. Comme dans la plupart des zones reculées, les routes ne sont pas goudronnées, mais il s'agit de pistes faites de latérites. Ces routes uniques, sensibles aux multiples passages

[3] Nianthio selon Djibril Tamsir Niane est un titre de noblesse qui signifie aussi guerrier ou encore « fils de génie ». Paru en 1989 dans son ouvrage Histoire des Mandingues de L'ouest à l'édition Khartala.

de véhicules venant approvisionner les localités de la Casamance, sont parfois en piètre état. Si la poussière rend la visibilité difficile, les nombreux trous accroissent les difficultés à parcourir le périple en toute sécurité et la durée du voyage semble interminable.

C'est d'ailleurs pour ces raisons que, lorsque la possibilité leur est donnée, d'autres voyageurs préfèrent utiliser la seconde option offerte pour rejoindre Bambali : la traversée du fleuve Casamance. Cette alternative plus économique est acceptable mais n'est, elle non plus, pas de tout repos. Loin des ferries qui relient Dakar à Ziguinchor, vous ne trouverez ici que de simples pirogues artisanales. Le fleuve est profond et le soleil tape fort, la traversée n'est pas évidente ni sans risque. Le stress se lit assez souvent sur les visages des passagers qui s'en remettent à l'expertise de leurs piroguiers. Le paysage magnifique qui entoure le fleuve, avec ses mangroves et sa verdure, ne peut être contemplé comme il mériterait de l'être. Les voyageurs de ces pirogues ne sont souvent pas seuls à bord. Des moutons, des chèvres et des poules sont de fréquents partenaires de traversées. Si dorénavant les autorités ont rendu obligatoire la présence de gilets de sauvetage à bord, afin de permettre d'accroître les chances de survie en cas de chavirement, ils ne rendent pas la traversée beaucoup plus sereine. Aussi, les pratiques rituelles, la récitation de quelques versets coraniques ou bibliques rythment ces courts voyages entre deux rives. Les accidents ne sont pas rares, et toute invocation est bonne à prendre pour rassurer les voyageurs. Selon de fortes croyances locales, ces malheurs qui parfois arrivent, seraient causés par des djinns. Ces êtres surnaturels, cohabitant avec les hommes, jetteraient des sorts lorsqu'ils ne sont pas satisfaits des sacrifices faits en leur honneur.

C'est fort de toute cette culture qu'en ce mois de février 2022, Sadio Mané, en digne descendant des Nianthio du Gabu, permit de faire, par la grâce de ce penalty transformé, une pierre deux coups. Vaincre ce signe indien qui poursuit l'équipe de foot du Sénégal depuis des décennies et bénir Bambali, la « maudite ».

Une pierre précieuse de plus apportée à la longue histoire de la famille des Mané. Cette famille qui avait également offert par le passé à Bambali, son premier imam, en la personne du grand père de Sadio, Arfang Fodé Mané. Ce dernier officia à la mosquée de la bourgade durant 30 ans. Cette tradition « d'imamat » se perpétue encore au sein des Mané de Bambali.

III. Le héros de Yaoundé

Fils de Adjaratou Satou Touré et de Karamo Mané, l'illustre héros national Nfaly Sadio Mané est le cadet et l'unique garçon d'une fratrie de cinq enfants, dont les deux grandes sœurs jumelles ont été arrachées à l'affection de la famille Mané, rappelées trop tôt auprès des Cieux. De cette position de petit frère de jumelles, il tire son second prénom « Sadio » que porte la plupart des filles et garçons qui naissent, après des jumelles ou jumeaux, dans une famille musulmane en Afrique de l'ouest. « Nfaly », son premier prénom et le moins connu, est celui de son grand-père maternel qu'il porte en guise d'hommage rendu par sa mère à son aïeul. Une omission de « Nfaly » lors de la déclaration de naissance finit par ranger ce prénom aux oubliettes.

Nfaly Sadio et le foot, c'est une vraie histoire d'amour. Il est, depuis son enfance, un passionné du ballon rond. En atteste, ce témoignage d'un de ses amis d'enfance qui préfère garder l'anonymat :

« J'étais à Bambali pour les études et c'est là que j'ai fait la connaissance de Sadio Mané. On passait beaucoup de temps ensemble car nous vivions dans le même village et nous étudions dans le même établissement scolaire mais si on est réellement devenu amis, c'est grâce au football, notamment lors des matchs « interclasses » qui étaient organisés dans notre collège.

J'aimerais préciser qu'on ne peut parler de Sadio sans évoquer son amour pour le football, un sport dans lequel il a toujours voulu faire une carrière professionnelle. C'est un rêve auquel il a cru sans relâche pour devenir le grand footballeur professionnel que nous voyons aujourd'hui.

Je me rappelle, quand on était petits, son idole était Ronaldinho. D'ailleurs, il laissait pousser ses cheveux, un peu pour copier le look de ce dernier. A cette époque, on regardait les matchs chez Mr Ndiaye (le directeur de l'école Primaire de Bambali à cette époque) car c'était le seul endroit où il y avait un téléviseur, faute d'électricité dans les autres maisons.

Lors des petites parties de foot qu'on appelle « Petits Camps », il réunissait toujours les plus jeunes puis leur demandait de jouer avec lui et cela lui procurait de l'amusement tout en lui donnant beaucoup d'expérience en dribbles et en maîtrise de balle.

Je me rappelle la fameuse finale des « interclasses » année scolaire 2008-2009 qui opposa la classe de Sadio en quatrième collège à nôtre classe de « troisième A ». Plusieurs professeurs, comme Monsieur Badji qui enseignait l'Histoire et la Géographie, Monsieur Ntap professeur de Sciences de la vie et de la terre, ou encore Monsieur Sow, enseignant de Français, étaient présents à cette rencontre. Cette finale fut remportée par la classe de Sadio. Le score était de 4-1 et les quatre buts furent tous marqués par Sadio, de manières spectaculaires. En outre, ce qui était le plus étonnant c'était qu'il jouait beaucoup mieux pieds nus ou avec des « tic tic » (des sandales « Méduse » en plastique) qu'avec des chaussures de sport plus appropriées.

Un jour, il m'avait fait part de son souhait d'aller dans la région de Ziguinchor pour tenter d'intégrer le club de « Casa Sport ». Cela n'avait pu aboutir à ce moment, car il était très jeune et n'avait jamais quitté Bambali. Finalement, l'année suivante, il partit à Sédhiou pour jouer dans une équipe navétanes [4]de Jules Kunda où il a fait quelques matchs. »

Cette consécration du 6 février 2022, est le résultat d'un dur labeur auquel Sadio était habitué très tôt comme nous l'apprend ce témoignage de Pape, camarade de classe primaire et de collège de Sadio :

« Comme tous les enfants du village, Sadio effectuait des travaux champêtres pendant les grandes vacances c'est-à-dire pendant la saison des pluies, comme cultivateur. Il travaillait dur au champ familial qui se trouve à la sortie de Bambali, vers Boudiémar, le village le plus proche. Il était un très bon cultivateur, un brave garçon qui avait le rythme de travail d'un adulte. » Comme au village parfois la vie est compliquée pour se faire un peu d'argent de poche et aider les parents il faut travailler. Et l'activité principale c'était d'aller

[4] Navétanes vient du mot wolof naweet qui signifie saison des pluies. C'est le championnat qui se joue pendant la saison des pluies de juillet à octobre sur toute l'étendue du territoire national.

cueillir des mangues et les noix de cajou. Pour les mangues, les entrepreneurs venant les acheter ne sont pas généralement de la Casamance. Ils viennent des autres régions du Sénégal, principalement du nord du pays. Bambali comme toute la Casamance est gâtée par son climat favorable, ses terres sont cultivables, tout y pousse, il pleut beaucoup.

Sadio et ses camarades s'organisaient en comité pour aller dans les champs de mangues pour les cueillir, les mettre dans des sacs et les embarquer dans les voitures afin que ces mangues soient acheminées. Il avait déjà à cette époque le poids de la responsabilité comme la plupart des jeunes qui ont grandi au village. Quand il finissait son travail, Sadio partait remettre la petite somme d'argent à ses parents. Il était fier de son geste. Les parents le remerciaient souvent en ces termes :

« Merci Sadio pour ce geste, pour ce que tu nous as donné, qu'Allah te récompense avec des millions. Nous prions pour que tu réussisses. Nous savons que tu as de bonnes intentions pour tes parents et tes proches, qu'Allah te donne une longue vie, une bonne santé, une réussite totale pour que tu puisses aider les personnes dans le besoin. Allah est unique et peut le faire. Nous sommes contents de toi, tu remplis nos cœurs de joies. Ne craint rien Inchallah ça ira ».

En plus de ces travaux champêtres, il allait aussi avec ses cousins chercher du bois à la forêt pour que sa mère puisse préparer le repas.

Mais comme tout jeune de son âge, il arrivait aussi au jeune homme de dépenser de l'énergie pour se distraire avec ses amis. Sadio était considéré comme une personne très sympathique, l'un des membres qui fédérait le groupe. Il était simple, timide, mais taquin et chambreur. Il s'attelait aussi à bien cacher ses quelques petites bêtises, inhérentes à cet âge empreint d'innocence. Il était un leader, une des têtes pensantes, un stratège lorsqu'il s'agissait de s'amuser. Les compères n'hésitaient pas à parcourir les 18 kilomètres à pied, soit la distance entre les villages de Bambali et Djirégui, pour assister à des soirées dansantes. Ces soirées étaient organisées par l'amicale des élèves FOSCO (Foyer Scolaire).

Lorsque le groupe arrivait à la billetterie d'une soirée dansante, Sadio réussissait toujours à entrer sans payer. Il parvenait parfois, grâce à son imagination sans limite, à trouver des solutions pour que ses amis puissent également profiter gracieusement des festivités. Comme lors de cette soirée où il faisait très chaud à l'intérieur de la salle. Ni climatisation, ni ventilateur. A l'intérieur, les gens transpirent et sont en sueur. Sadio saute sur l'occasion et conseille à ses amis de verser de l'eau sur leurs visages et leurs habits, en se regroupant par petits groupes de quatre personnes afin de ne pas trop attirer l'attention à l'entrée. Il suffisait ensuite aux petits groupes de justifier auprès de l'accueil de la salle, d'être sorti pour prendre de l'air et se rafraîchir.

Au-delà de l'amusement, Sadio était aussi un assez bon élève, au comportement irréprochable. Après l'obtention de son brevet des collèges en 2009, il est supposé poursuivre ses études au Lycée Ibou Diallo de Sédhiou, là où la plupart des élèves de Bambali sont orientés, faute pour la ville d'offrir à ses jeunes, une structure permettant de continuer leurs études supérieures. Cependant, il refuse de poursuivre ses études. Son projet de devenir footballeur professionnel est pour lui un objectif prioritaire. Partir au Lycée à Sédhiou serait, disait-il, renoncer à son rêve. C'est ainsi qu'il songe à rejoindre des villes comme Dakar, Ziguinchor ou encore Mbour pour démontrer son talent.

IV. Mbaring Sana Touré : l'oncle idéal

Pour accomplir sa destinée, Sadio peut compter sur son oncle, Sana Touré ou Mbaring -qui signifie oncle en mandingue-. C'est ainsi qu'appelle Sadio ce soutien des premières heures, celui qui aujourd'hui entretient une relation privilégiée avec la star du ballon rond.

On ne l'entend que très peu s'exprimer, notamment dans les médias. Mais les férus de foot auront remarqué que son neveu n'a de cesse de le citer, de le remercier lors de ses nombreuses prises de parole en public. « Je remercie mon oncle Sana Touré » : cette phrase est devenue une anaphore chez Sadio.

L'histoire du meilleur joueur Sénégalais ne pourrait s'écrire sans celle de Mbaring, qui a joué un rôle primordial dans la carrière du Nianthio. Sana c'est l'oncle idéal, l'homme de l'ombre, celui qui combine à la fois l'autorité de l'aîné et la sensibilité de l'ami proche. Un ami, avec qui le football est une passion commune. Entre le jeune oncle et Sadio, il n'y a pas une grande différence d'âge. Mais s'ils sont quasiment issus de la même génération, il persiste un grand respect mutuel entre les deux âmes. Ce confident, avec qui le jeune Sadio peut être lui-même et partager des choses qu'il n'oserait pas aborder avec d'autres membres de la famille. Mbaring, c'est l'oncle protecteur.

Sana se débrouille, au quotidien, avec ses maigres revenus pour acheter des chaussures de football et des maillots pour son jeune neveu. Il va l'accompagner pour réaliser ses rêves, le conseiller, l'aider à grandir en tant que sportif mais aussi en tant qu'homme. A la fois exigeant et protecteur, il apporte la confiance nécessaire au jeune footballeur. Son unique satisfaction est de tout mettre en œuvre pour mener Sadio vers le chemin de la réussite.

Sana, présent au village dès le plus jeune âge de son cadet, a vu naître en lui les germes du football. Il a été, en quelque sorte, le premier observateur à déceler le talent de son neveu, bien qu'il soit très éloigné des arcanes footballistiques. Il est le premier à convaincre les autres membres de la famille d'aider Sadio à atteindre ses objectifs, ses rêves : le laisser « faire » ce qu'il aime, jouer au football. Mais à l'instar de ce qui est arrivé à son père, la famille ne souhaite pas voir l'histoire se répéter pour Sadio. Son père fut en effet un grand sportif, footballeur à Bambali puis à l'ASC Watosita (devenu ensuite Mansakunda dans les années soixante-dix). Mais surtout, il excella plus tard dans la lutte. Il fait d'abord ses preuves au village avant de devenir un grand champion dans la région de Sédhiou. Et lorsque l'on est issu d'une famille qui « fournit » au village ses imams depuis plusieurs générations, il est inconcevable, voire impossible de ne pas respecter et suivre ce legs. La logique traditionnelle voudrait qu'il fasse comme ses aïeux c'est-à-dire apprendre le coran, suivre l'éducation religieuse, avoir un ancrage dans les us et coutumes. Se marier et attendre son tour pour occuper la fonction d'Imam, voilà le chemin tout tracé, le destin préconçu.

Mais comme son père, Sadio ne sera pas Imam, en tout cas il ne l'est pas encore. L'oncle Sana a joué un rôle important dans ce choix, dans ce bousculement de l'ordre établi. Sana a joué plusieurs rôles, dont celui de médiateur. Quand Sadio devait quitter Bambali pour aller tenter sa chance ailleurs, c'était très compliqué. Les villageois n'étaient pas d'accord, c'était la crise en interne. Dans une société où le collectif prime sur l'individu une telle décision n'est pas une mince affaire. Comment accepter que l'étoile montante du village, la star de l'équipe, l'espoir de toute la communauté parte pour d'autres horizons ? Comment faire sans Sadio ? Pour résoudre cette équation, la famille se réunit et délègue, à Sana Touré, la mission difficile de convaincre les habitants de Bambali et obtenir leur onction. Avec ses compétences, sa ruse, ses techniques de communications orales, son éloquence, Sana a su trouver les mots justes. Il a pu apaiser et dissiper les inquiétudes des habitants de Bambali, durant une rencontre organisée uniquement pour évoquer le délicat sujet du départ de Sadio. Lors de cette réunion, toutes les composantes du village sont représentées : un représentant du chef de village, un représentant de l'Imam, un membre de l'association des femmes du village, l'entraîneur de l'équipe, le président de l'association des supporters, la présidente de la section féminine de l'équipe... Cette affaire dépasse le cadre du football, c'est plus qu'un simple jeu.

A sa prise de parole, une fois les salutations d'usage terminées, Sana introduit son discours en ces termes : « Bambali vient de prouver à tout le monde que nous sommes un grand village, quand je dis grand ce n'est pas par la démographie, mais par notre état d'esprit à nous réunir, à discuter, à dialoguer, sans nous battre, nous insulter ou encore se manquer de respect les uns envers les autres. Je suis fier d'être un habitant de Bambali, regardez la diversité de cette salle de réunion, diversité religieuse, ethnique, d'âge ... les mots me manquent pour exprimer ma pensée. Sachez que je suis mandaté par la famille de Sadio Mané dont je suis le porte-parole. Sadio est mon neveu, c'est vrai, mais je n'ai pas plus de droit que vous sur lui, c'est notre fils, notre neveu, notre petit frère à nous tous ici présents. Au nom de la famille Mané – Touré nous demandons votre bénédiction, votre soutien et compréhension pour laisser Sadio s'engager vers une nouvelle aventure dans des villes urbaines ou semi-urbaines. Dans ces lieux, il aura plus de visibilité donc plus de chance pour devenir footballeur professionnel. Nous tous ici sommes d'accord que Sadio a du talent, mais à Bambali personne ne viendra le chercher. Il est vrai que ça serait un coup dur pour tout le village mais nous n'avons pas d'autres solutions. Essayons de trouver un équilibre pour son intérêt et celui de tout le village. Nous pensons que quand Sadio va réussir, qu'il sera utile pour tout le village, et nous sommes sûrs qu'avec vos bénédictions, vos prières, et si Dieu nous prête longue vie, il va réussir inchallah. En tout cas, la famille ne peut pas ou ne veut pas laisser Sadio partir avec cette crise. Sinon il ne sera pas tranquille, il n'aura pas le cœur apaisé pour jouer son football. Au contraire, il veut y aller avec le soutien de son village. Son village, c'est sa force. Il n'a jamais quitté Bambali ! Il porte Bambali dans son cœur. Sadio se cachait même lorsqu'il allait jouer des matchs à Sédhiou, il agissait ainsi pour que les habitants du village ne se fâchent et considèrent cela comme une trahison. Ce témoignage c'est lui-même en personne qui me l'a dit et c'est sincère. Je vous remercie encore de votre aimable attention ».

L'émotion se lisait sur les visages, les plus sensibles ont versé des larmes. A l'unanimité, l'assemblée approuva la décision de Sadio d'aller exposer son talent au-delà de Bambali.

Sadio a maintenant l'onction et la bénédiction des habitants du village qui l'a vu naître, il peut ainsi aller en paix avec lui-même et se frotter aux dieux du ballon rond, comme il le souhaite. C'est le début d'une nouvelle aventure, en compagnie de Mbaring, qui jouait finalement le rôle d'agent, sans le savoir. Il souhaitait un club de première division pour Sadio, de préférence en Casamance. La logique a donc été de s'orienter vers le Casa Sport de Ziguinchor, la seule équipe de la Casamance qui évolue en première division.

C'est dans cette optique que l'oncle et le neveu font le voyage en traversant le fleuve Casamance, via Diatta cunda, pour se rendre dans la capitale du sud, pendant l'été 2009. A Ziguinchor, Sadio et son oncle logeaient chez Lamine Mané alias Ouztas, un ami d'enfance de Sana. Après avoir expliqué le but de leur voyage, l'oncle, son ami et Sadio se rendent chez le président du

Casa Sport, Nouha Cissé, en présence de l'entraineur de l'époque Demba Ramata N'Diaye. Sana exposa à ses hôtes son souhait de voir son neveu faire des essais au Casa Sport. Il expliqua l'intégralité du projet sportif, mettant l'accent sur le talent de son neveu, son parcours au village.

Malgré son talent d'orateur, sa capacité de persuasion, il ne réussit pas à convaincre Nouha Cissé et Demba Ramata Ndiaye. Sadio n'a pas été autorisé à effectuer un essai dans le club de la capitale du sud. Ce refus a été très mal vécu, l'oncle et son neveu l'ont interprété comme du snobisme de « citadins » à l'endroit des « villageois » qu'ils sont. Sadio aurait passé au moins les essais s'il venait d'une ville du Sénégal. Pas de bénéfice du doute pour lui, le « villageois ». C'est vrai que les grandes villes africaines souffrent parfois de ce complexe de supériorité. Tout ce qui vient de la périphérie ou du village est de moindre valeur. Cette façon de faire peut s'expliquer par l'héritage de la colonisation qui a mis en place une hiérarchie entre les terroirs, les habitants.

Les habitants des villes comme Dakar, Saint Louis, Gorée et Rufisque étaient des citoyens français. Ils se sentaient « supérieurs » au reste de la population sénégalaise. On retrouve souvent cette façon de penser entre les villes et les villages, entre citadins et ruraux. Mais le talent ne connaît ni géographie, ni origine, ni religion.

Sadio aurait pu lier une partie de son histoire à celle de Jules François Bocandé, et comme lui, faire ses preuves dans l'équipe régionale du Casa Sport avant d'aller en équipe nationale. Le destin en a décidé autrement. Après cette déception, l'ami de l'oncle Ouztaz[5] Lamine Mané propose, en guise de consolation, à Sadio de jouer les navétanes à l'ASC locale, nommé Renaissance de Dialang Bantang où il est membre de l'équipe dirigeante. Cela pourrait relancer les chances de Sadio, en lui permettant de se faire connaître à Ziguinchor, pensait-il. Finalement cette proposition ne sera pas acceptée par Sadio et son oncle. Malgré la déception, l'oncle et son neveu ne se découragent pas, ils changent de destination et tentent une nouvelle aventure sur la petite côte, à Mbour.

[5] Ouztaz est un titre donné à un enseignant coranique.

V. Mbour, le déclic

Le refus du Casa Sport de ne lui a pas accordé la possibilité de faire des essais n'est finalement plus qu'un motif de motivation supplémentaire. Le jeune de Bambali ne se décourage pas, il est encore plus déterminé pour sa réussite. Rien ne change dans son projet de devenir footballeur professionnel, il a fait le pari d'arrêter les études et de se focaliser sur le football, même si sa réussite est loin d'être une évidence. Il dit « Si j'ai refusé d'aller à Sédhiou pour faire mon Lycée ce n'est pas en cours de route que je vais arrêter le foot ». Sadio pouvait allier sport et étude en même temps, il était bon élève mais il a fait le choix de se consacrer exclusivement au foot. Il se souvient encore lorsqu'il fut « mercenaire » au sein de l'équipe de Jules Kunda de Sédhiou, pour le championnat amateur des Navétanes. Dans l'ancienne équipe de Papiss Demba Cissé, Sadio évolue en cachette. Il partait jouer à Sédhiou dans la journée et rentrait après le match, à Bambali. Il partait régler les problèmes ponctuels d'effectif, faire le job pour le compte de Jules Kunda. Il ne s'entraînait pas régulièrement avec l'équipe, en raison des 15km de distance qui sépare Bambali de Sédhiou. Ce temps de trajet l'aurait obligé à de longues absences difficilement justifiables, d'autant plus que le village et sa famille n'étaient pas d'accord pour qu'il évolue hors de Bambali. De ce fait, passion oblige, la star du ballon rond officiait en cachette pour la modique somme de 10.000 Francs CFA.

Sédhiou regorgeait de clubs qui évoluent en National, aurait pu convenir à Sadio qui cherchait une meilleure visibilité. Mais non ! Sadio voyait déjà grand, très grand.

Pour rebondir après l'épisode malheureux du Casa, la décision fut prise, par Sadio et son entourage, de se porter les Navétanes. Ce championnat populaire se déroule durant la saison des pluies, sur toute l'étendue du territoire national, bénéficie d'une excellente exposition et pourrait être le tremplin tant attendu vers plus de visibilité. Ainsi, Mbaring Sana contacte un de ses amis vivant à Mbour, Malamine Seydi, originaire d'un village voisin de Bambali. Malamine était le président du club de navétanes ASC Super Rail, mais aussi un fin observateur, capable de détecter rapidement les talents qui sillonnent toute la partie sud du pays, lorsqu'il était à la recherche de joueurs pour renforcer son club. Ironie de l'histoire, il avait tenté, l'année précédente, de recruter Sadio, sans succès. C'est donc avec beaucoup de joie qu'il accueille cette nouvelle proposée par son ami Mbaring Sana, de faire évoluer cette année son neveu Sadio au sein de l'ASC Super Rail. Avec l'accord de Malamine, qui renouvelle à cette occasion, sa proposition d'héberger Sadio chez lui, le départ pour Mbour est acté.

Ce vendredi 7 août 2009, c'est à la première lueur du jour que Sadio Mané part pour Mbour, avec la ferme intention de reléguer, définitivement, la déception enregistrée à Ziguinchor aux oubliettes. Mbaring Sana Touré et son ami Monsieur Kaba, un enseignant à Bambali, sont du voyage.

Le long trajet de plus de 300 kilomètres, entre Ziguinchor et Mbour, fut difficile avec une attente et une impatience qui se lisaient sur les visages des trois comparses. Sous un soleil de plomb, la traversée du fleuve Gambie par le ferry, en l'absence à l'époque d'un pont, épuise ses voyageurs. Mbaring Sana, Kaba et Sadio arrivent à Mbour en début d'après-midi, après un périple de plus de 7 heures.

C'est naturellement, que les trois voyageurs se dirigent vers les infrastructures du club de Super Rail. Prési[6] Malamine, qui loge d'ailleurs près du terrain d'entraînement de l'équipe, les attend de pied ferme. Avant leur arrivée, il avait informé quelques-uns des dirigeants du club de leur projet. Ce jour-là, plusieurs dirigeants du club et membres du staff technique étaient regroupés dans un télécentre non loin de là. C'est à la fois un lieu de vente de services et de téléphonie, mais aussi un lieu de rencontre, de « *Jotay* »[7] en wolof. Un véritable lieu de vie, toujours plein de monde, du début à la fin du service. Les gens vont et viennent, se posent autour d'un thé, débattent, parlent de tout et de rien. Mais très souvent, les sujets récurrents qui animent les passions de ces lieux sont le football, la lutte et la politique.

Enfin arrivés à destination et accueillis chaleureusement

[6] Prési est le diminutif de président. Souvent les présidents de club au Sénégal portent ce surnom
[7] Jootay est un lieu de discussions, d'échanges souvent improvisés et menés par un petit groupe de personnes autour de divers sujets.

par Malamine, les trois hôtes s'installent et boivent un verre pour se rafraîchir. Pendant ce temps, Prési Malamine invite le petit groupe présent au télécentre à les rejoindre. Parmi eux se trouvaient Ousmane Cissokho dit coach Ouz, et deux dirigeants, Ibou Ndione et Birame Mbaye. Sans perdre de temps, Malamine prend la parole : « Les gars, nos hôtes sont là, ils sont bien arrivés, Hamdoulilah. Je commence par Sadio notre joueur tant attendu. Et voici son oncle Sana Touré, un ami de longue date, accompagné de l'un de ses proches, Kaba, enseignant à Bambali ». Les dirigeants de Super Rail souhaitent à leur tour, la bienvenue à leurs trois visiteurs. Prési reprend la parole afin d'évoquer le projet de façon brève. Il explique que Sadio sera au cœur de l'organisation sportive de l'équipe, conscient des qualités indéniables de sa nouvelle recrue. Le coach Ousmane Cissokho prêtait une oreille attentive et confiante aux propos de Malamine. Mais un certain scepticisme se lisait sur les visages des autres participants. Ils s'attendaient à rencontrer un joueur au profil physique impressionnant, dominant, plus proche de celui d'un Didier Drogba ou d'un Patrick Mboma. Ce type de gabarit fait naturellement peur aux défenseurs. Après quelques minutes d'échanges, les deux dirigeants prennent congé de leurs hôtes.

Coach Ousmane Sissoko est resté partager un kaldou – plat à base de riz, agrémenté d'une sauce, de gombos, de poisson et divers condiments - préparé avec soin par Madame Seydi. Le repas amical permet au groupe de faire tranquillement connaissance, de sympathiser et développer une confiance mutuelle. Ousmane, en bon éducateur, et du haut de ses nombreuses années d'expérience, n'émet pas de jugement sur le physique du jeune Sadio. Bien que ce dernier semble chétif, timide et épuisé par le voyage. Mais coach Ousmane reste professionnel, patient. Loin de s'arrêter à l'éternelle interrogation relative aux problèmes de la taille, coach Ouz préfère se dire que Lionel Messi a déjà apporté une réponse convaincante, en démontrant que seul le talent compte.

Après le repas, Mbaring Sana reprend la parole : « Sadio c'est mon neveu, il aime le football depuis tout petit, il est passionné, c'est son rêve depuis tout petit. Il joue bien, très bien. Je ne le dis pas parce que c'est mon neveu, même s'il est vrai qu'il peut être difficile pour un membre de la famille d'être objectif. Nous venons de Ziguinchor où on ne lui a pas donné la chance d'exprimer son talent, ni même d'effectuer de courts essais. Si nous sommes là, c'est pour qu'il ait la chance d'être visible. Cette chance qu'il ne pût avoir en restant à Bambali. Je ne demande pas un traitement de faveur. Il joue bien, ou il ne joue pas bien, c'est simple, la vérité du terrain sera le seul juge. Je vous le confie. Malamine, sache que Sadio c'est ton neveu, Coach Ousmane considère Sadio comme ton petit frère ».

Ousmane propose à Sadio et ses accompagnateurs de venir avec eux, suivre le match amical, que son club Super Rail va disputer dans quelques heures à Warang, un village à quelques kilomètres de Mbour. Les joueurs de Super Rail ne tardèrent pas à rejoindre le lieu de rendez-vous qui n'est autre que le domicile de Présí Malamine, pour le départ vers Warang. Coach Ousmane avait convoqué tout le monde, il avait vingt-cinq joueurs dans son effectif qu'il a divisé en deux groupes : celui qui jouera dans quelques heures et le second qui officiera le lendemain.

Sadio fera partie du groupe du lendemain. Dans le car «Ndiaga Ndiaye» – car Mercedes 508 utilisé dans les transports en commun au Sénégal - Sadio, toujours timide reste à côté de son oncle Sana et Kaba. Quand ils arrivent à Warang le coach Ousmane profite de son speech traditionnel d'avant match pour présenter Sadio à toute l'équipe.

Le lendemain, le jeune de Bambali est bien dans le groupe. Super Rail joue contre Mbour Guéj. Sadio démarre le match au poste d'ailier gauche, sur un terrain très sablonneux situé à quelques mètres de la plage. Bien que ce terrain soit très différent de celui de Bambali plutôt argileux et sec, Sadio s'en sort bien, par ses déplacements, ses touches de balles, son aisance technique, sa vitesse, la précision dans ses passes. Ses quinze premières minutes sont convaincantes. Son entraîneur dit à son adjoint Abdou Mané « Ce garçon est bon, on n'a pas besoin de le voir plusieurs fois, ou jusqu'à la fin du match. Il a beaucoup de qualités. Il nous sera d'un apport considérable, en plus nous n'avons pas son profil dans l'équipe. » Au bout de trente minutes Sadio est remplacé, malgré son bon match. Les effets de son long voyage depuis la Casamance se font sentir, il doit se reposer. Le technicien Ousmane a tenu compte de toutes ces considérations pour le remplacer.

Le jour suivant, dimanche, est jour de repos, pas d'entraînement. Les choses reprennent le lundi. Quand bien même le terrain se trouve juste en face au domicile de son tuteur et qu'il aurait pu attendre la dernière minute pour se présenter à l'entraînement, Sadio est le premier joueur présent, toujours assidu et ponctuel.

L'entraînement se passe bien, le coach Ousmane n'est pas présent. Il est à Dakar pour un rendez-vous, et la séance est dirigée par son adjoint Abdou Mané. Les supporters de Super Rail sont venus très nombreux, certains présents par curiosité, pour voir la nouvelle recrue, d'autres ont eu des échos du match amical du samedi dernier. Leur nouveau joueur va-t-il confirmer son potentiel ?

Sadio fut remarquable lors de cette séance d'entraînement. Aussi bien dans les situations de duels mis en place que sur différentes oppositions plus classiques. Il marque des buts et fait marquer ses coéquipiers. Il en veut plus à chaque fois, pour lui ce n'est pas seulement un entraînement, c'était une finale. Il est un compétiteur né, un guerrier sur le terrain. Malgré son physique et sa petite taille, il fait souffrir la défense de l'équipe adverse et est le joueur le plus décisif.

A la fin de la séance d'entraînement, ses coéquipiers viennent le féliciter comme si c'était un match officiel. Ils sont à l'unanimité d'accord que le neveu de Sana Touré est un excellent joueur. L'entraîneur adjoint Abdou Mané dans son débriefing n'a de cesse de citer Sadio en exemple, « faites comme lui les gars, si tout le monde fait comme Sadio en termes d'engagement et d'esprit d'équipe personne ne nous arrêtera cette saison. » Plus tard, certaines personnes qui ont assisté à cette séance rencontrent au centre-ville, le coach Ousmane qui revenait tout juste de Dakar. Ces gens lui font le compte rendu de ce qu'ils ont pu apercevoir un peu plus tôt : « Ton « Boy socé » est très bon, il a été phénoménal aujourd'hui à l›entraînement, ton adjoint te le dira de toutes les façons ». Le surnom « Boy Socé » ou « Boy Casamance » attribué à Sadio fait référence à sa région d'origine, la Casamance et à la langue « socé » ou « mandingue » et signifie "l'enfant mandingue".

Petit à petit, Sadio s'intègre bien dans sa ville d'adoption, dans son nouveau club. Même si Mbour est très différent de son Bambali natal sur le plan démographique, il existe néanmoins, une proximité entre ces deux localités. On retrouve une forte communauté issue de la Casamance à Mbour. Le neveu de Sana Touré trouve très vite ses marques, il est à l'aise. C'est lui qui prépare l'Ataya, ce thé très prisé au Sénégal et dont la longue préparation constitue un moment de discussions et d'échanges dans les familles. L'Ataya, Sadio en raffole, il en consomme tous les jours. Chez Président Malamine, Sadio est avec Luc, son ami de toujours et Omar Kanté, aux commandes pour élaborer l'Ataya, ce sont eux les spécialistes. Luc, n'est jamais loin et passe lui rendre visite à Mbour régulièrement. Lui et Sadio, c'est une longue histoire, de véritables amis d'enfance, des confidents, des proches inséparables dont l'amitié sincère ne peut être remise en question. Luc n'est pas natif de Bambali, il s'y est installé avec son oncle, enseignant. Lorsque le jeune

Mané a fugué la première fois, pour tenter sa chance à Dakar, son ami est la seule personne mise au courant de ce projet complètement fou. Les deux compères ont une complicité indescriptible, toujours proches malgré la distance. L'adaptation se passe également bien au niveau sportif. Sadio s'est rapidement fait remarquer. A l'entraînement, il travaille de façon sérieuse, toujours motivé, il a « faim » sur le terrain. Il devient rapidement et naturellement un titulaire indiscutable de son équipe. Le choix d'évoluer à Mbour est stratégique. En effet, la grande ville de la petite côte regorge de clubs comme Mbour Petite Cote, Stade de Mbour ou le centre de formation Diambars. Sa proximité avec Dakar, qui compte plusieurs clubs et centres de formation, est également un atout considérable. Mbour, c'est aussi une station balnéaire avec ses hôtels et ses plages qui attirent beaucoup de touristes, dont des recruteurs de football, des agents de joueurs, des entraîneurs, des directeurs sportifs, des présidents de clubs. Évoluer dans l'environnement géographique de Mbour et ses environs peut permettre de franchir une nouvelle étape.

Sadio s'entraîne deux fois par jour. Le coach Ousmane, également coach d'une autre équipe de deuxième division de la ville, invite sa nouvelle pépite à participer à ces séances d'entraînement d'un niveau plus intense. Cette opportunité explique indéniablement ses performances incroyables.

Lors du troisième match, contre ASC Santossou, Sadio continue d'impressionner. Super Rail est mené un but à zéro en première mi-temps. Mais ses coéquipiers peinent à revenir au score. A quelques minutes de la fin de la première partie, l'ailier droit de Super Rail reçoit la balle d'un long dégagement du défenseur central, il contrôle, déborde et centre pour Sadio, qui à son tour contrôle la balle de la poitrine, et enchaîne en pleine lucarne. Le gardien de l'équipe adverse est battu, un but partout. Le match se joue à domicile et les supporters de Super Rail en transe envahissent le terrain. C'est ici la particularité des matchs de navétanes où l'engouement dépasse parfois l'entendement. A la reprise de la seconde mi-temps, les deux équipes se neutralisent toujours. A la soixantième minute, Sadio récupère la balle près du milieu de terrain, enchaîne des dribbles, fait face au gardien qu'il trompe avec des passements de jambes et marque le deuxième but qui donne finalement la victoire à son équipe.

Sans aucun doute, Sadio, à présent adopté par les habitants du quartier Rail, est la star de l'équipe. Le jeune Sadio roi est né, vive le roi et son règne commence à Mbour. Il est inarrêtable, il fait des merveilles, match après match. Il aide l'équipe à se qualifier en demi-finale, puis en finale de championnat Navétanes, après plusieurs années de disette.

Avant la qualification en finale, le match de demi-finale fut très compliqué. Le match a été rejoué, une demi-finale en deux éditions. A l'époque, le stade de Mbour n'avait pas d'électricité, et ses projecteurs ne fonctionnaient pas. Comme les deux équipes n'ont pas pu se départager à l'issue des prolongations et qu'il faisait nuit, le match fut rejoué.

Un jour, après l'entraînement, coach Ousmane Cissokho s'isole avec Sadio. Il lui fait la confidence qu'il quittera le club après la finale, qu'il n'a plus rien à prouver dans les navétanes. Il a fait tout ce qu'il pouvait, et sa plus grande satisfaction serait que Sadio remporte au moins un trophée avec Super Rail. L'ancien joueur des Reds le regarde d'un air triste, il lui dit coach « on va gagner cette finale et inchallah je vais marquer ».

En finale, Sadio marque l'unique but de la rencontre contre ASC Jokko. Super Rail remporte pour la première fois de son histoire le trophée, grâce à sa nouvelle recrue, sur qui beaucoup, au vu de son physique chétif, n'auraient pas misé.

Le coach Ousmane est fier de son joueur, du travail qu'ils ont fait ensemble, du projet sportif qu'il a construit autour de Sadio. Avec cette victoire, l'enfant de Bambali donne une belle leçon de vie au monde du football. Et plus encore, une leçon de vie, tout simplement. Ô Combien de jeunes talents sont refusés et recalés sur des critères qui n'ont aucun fondement scientifique ou sportif. Sadio s'est donné, s'est battu pour lutter contre tous ces clichés, et il l'a fait avec la plus belle des manières, par le talent rien que le talent.

La saison 2009-2010 de Sadio Mané à Mbour fut très riche, c'était lui, avec son numéro 10, qui portait l'équipe. Durant cette saison de navétanes, il a été décisif à tous les matchs auxquels il a participé, il a marqué la quasi-totalité des buts de Super Rail, il a été le meilleur joueur du tournoi. Depuis le départ de Sadio, Super Rail n'a malheureusement plus eu de trophée.

Si Sadio signe sa première victoire dans cette compétition difficile des navétanes, il n'est pas pour autant un néophyte dans cette épreuve, lui qui y a officié par le passé au sein de l'équipe de Bambali. Et les supporters de son village d'origine peuvent en témoigner, eux qui ont encore en mémoire ce fabuleux derby face à l'équipe de Djirédji.

Avec le numéro 2 dans le dos, le jeune Sadio joue son dernier match avec Bambali. Nous sommes au mois d'août 2008, en plein hivernage, la période des pluies. Bambali affronte Djirédji. Un derby bouillant, l'affiche tant attendue par tout un village en cette fin de saison de Navetanes. En marge de la causerie d'avant-match, le coach de Bambali s'isole avec le jeune Sadio pour lui annoncer la tactique du match. Sadio Mané portera le numéro 2 et non son numéro 10 habituel. Car si Sadio Mané est la star de son équipe, il n'est pas forcément connu physiquement des autres équipes de la zone. Il était identifié simplement à son numéro de maillot. On l'appelait le numéro 10 de Bambali. Le subterfuge est donc tout trouvé. Il fallait faire porter le numéro 10 par un coéquipier de Sadio Mané pour déjouer la vigilance de l'équipe adverse. Et visiblement la stratégie a marché puisque l'équipe de Djirédji s'est focalisée sur ce « faux numéro 10 » du jour et a donc oublié le virevoltant Sadio. Résultat : le Bambali de Sadio Mané gagne le match. Le jeune Sadio est même élu homme du match.

Ce terrain de Bambali, bordé de vergers, il l'adore. Particulièrement les jours de pluie. Ici pas de pelouse mais une surface spongieuse où des mottes de terre accompagnent les frappes de balles. Les shorts sont souvent maculés de boue et les glissades nombreuses. Malgré ces conditions difficiles, les matchs sont d'une telle intensité qu'ils n'ont parfois rien à envier aux matchs pros auxquels rêvent de jouer tous ces gamins pétris de talent. Les dribbles sont chaloupés. Les tacles appuyés. Et dire que tous ne portent pas de protège-tibias, ni même de crampons aux pieds. Certains jouent même pieds nus ou avec des chaussures "méduse" en plastique. D'ailleurs le jeune Sadio préférait jouer avec ce type de chaussures, n'étant pas très à l'aise avec des crampons. C'est aussi cela qui fait le charme des Navétanes. Un autre football, le plus pur, c'est une certitude. Le style de jeu et les consignes sont souvent simples. En défense, on ne s'embarrasse pas à relancer par de courtes passes, à la barcelonaise. Il faut dégager le ballon le plus loin possible. Et en cas de pressing qui vous met en grande difficulté vous mettez le ballon en touche. « Touche dou fess »[8], l'expression est couramment utilisée par les entraîneurs, pour indiquer à son équipe qu'il est préférable de mettre le ballon en touche plutôt que de prendre des risques inutiles. Pour un attaquant, en revanche, la difficulté est tout autre, tant le terrain cabossé peut vous jouer des tours à tout moment. Mais s'il arrive à dribbler dans la boue, maîtriser le ballon malgré ses nombreux faux rebonds, et bien vous avez là un bon joueur, voire très bon joueur. Et Sadio Mané est l'un d'eux. Le meilleur, déjà, à cette époque. Tellement bon qu'il est surclassé en catégorie "senior" (l'équipe première). A 15 ans seulement,

[8] Une expression en langue wolof est une consigne donnée en guise de rappel aux joueurs, notamment aux défenseurs de l'équipe qui mène le jeu, pour leur demander de dégager le ballon en touche en cas d'offensive dangereuse et éviter ainsi de prendre des risques.

il joue avec les cadets le matin et avec les “seniors” l’après-midi. Au début l’entraîneur le faisait entrer en jeu lors de la deuxième mi-temps. Ce qui avait le don d’agacer Sadio Mané. Il voulait jouer. Tout le temps. Mais comme il éclabousse les matchs de son talent, son coach est finalement bien obligé de l’aligner dès le coup d’envoi. Le jeune Sadio était surnommé Dinho, en référence à Ronaldinho, son idole. Dans sa façon de jouer comme dans son apparence. Il avait forcé le mimétisme jusqu’au bout, en se laissant pousser ses cheveux, coiffés à coups de gel, pour ressembler à l’ancien attaquant Brésilien.

Le terrain de foot de Bambali est devenu un lieu d’attraction. À chaque match, tout le monde vient encourager l’équipe. Les plus vieux sortent les chapelets et les femmes du village, bien qu’elles soient prises par les tâches ménagères, demandent toujours le résultat.

Comme dans le reste du Sénégal, les Navétanes c’est avant tout une histoire de rivalités inter-quartiers. Avant la création de ce format, organisé en matchs officiels, les jeunes des quartiers se rencontraient en tournois informels avec, en guise de récompense, quelques pots de lait ou encore une petite somme d’argent. Ces matchs, qui opposaient des équipes de quartiers aux quatre coins du Sénégal, suscitaient un fort engouement auprès des populations locales. La popularité est telle que le ministère des Sports et de la jeunesse décida de structurer ces compétitions.

C’est en 1969, à la suite de la réforme du sport initiée

par Lamine Diack, alors commissaire aux Sports sous Léopold Sédar Senghor, que le phénomène prend de l'ampleur. L'Organisation nationale pour la coordination des activités de vacances (Oncav) voit le jour pour encadrer cette myriade de tournois. Désormais toutes les associations sportives et culturelles (les fameuses ASC) de quartiers ainsi que leurs joueurs devront s'affilier à l'ONCAV.

Au départ, les tournois se déroulaient sur une période de trois mois, pendant les vacances scolaires, entre juillet et septembre. Ce qui coïncidait avec la saison des pluies, d'où le nom de navétane, du mot wolof “nawet”, qui veut dire « hivernage » ou « saison des pluies ».

Aujourd'hui avec plus de 8 000 équipes de navétanes, réparties dans tout Sénégal, une saison peut durer jusqu'à six mois. De juillet à janvier.

Les Navetanes c'est souvent un décor très rustique. Un terrain vague sablonneux entre deux tours d'immeubles, une parcelle défrichée à la périphérie du village. Difficile d'imaginer que le lieu puisse accueillir un match de football. Pourtant, c'est bien là que 22 joueurs de 15 à 25 ans vont s'affronter pendant au moins 90 minutes, avec pour seuls repères deux vétustes rectangles de poutres en bois ou en métal en guise de buts de part et d'autre du terrain.

Les abords du terrain sont bondés parfois même une heure avant le coup d'envoi du match. Tout le monde se met au football, au stade ou dans le quartier. Les « navétanes », c'est avant tout un esprit de quartier.

On supporte d'abord et principalement l'équipe du coin, de son coin, celle qui va vous représenter. On chante, on crie, on insulte, on se chamaille pour encourager, on se dispute pour défendre et justifier le mauvais match du frère, du copain, du proche qui défend son quartier sur le terrain. Mais les Navétanes ne sont pas aussi désorganisées que ses terrains. La compétition possède par exemple, sa propre commission de discipline qui statue sur les manquements au règlement et les sanctions, pour donner suite aux réclamations d'après-match de telle ou telle équipe. Car les matchs peuvent aussi se jouer sur tapis vert. Il arrive très souvent qu'une équipe « porte réserve » pour signaler une fraude, un manquement et ainsi tenter de faire annuler une défaite.

Chaque équipe dispose d'un président, souvent la personne la plus aisée du quartier, capable d'investir son propre argent pour le fonctionnement de l'équipe. C'est lui qui paye pour faire venir les joueurs en vue lors du mercato local.

Ici les joueurs sont parfois des « mercenaires ». Leurs compétences sont vendues au plus offrant, voyageant d'une équipe à l'autre, d'une saison à une autre. Il faut compter entre 50.000 et 150.000FCFA, soit entre 75 et 230 euros par saison pour s'attacher leurs services pour le plus grand bonheur des populations du quartier d'accueil. C'est leur Coupe du Monde à eux, en quelque sorte, car la plupart des jeunes ne suivent que peu, voire pas du tout, les grands événements sportifs comme la Ligue des Champions européenne ou africaine. Dans ces Navétanes, chacun s'identifie plus facilement à son équipe. Et quand bien même parfois des mercenaires sont amenés à la défendre. Il arrive même que lorsqu'une équipe souhaite recruter un bon joueur, elle se rapproche de sa famille pour négocier quelques avantages. C'est la particularité de ce mercato local. Il n'y a pas de contrat écrit, un accord verbal peut souvent faire l'affaire. L'équipe recrutant un joueur verse simplement des "frais de démission". Une façon de payer la résiliation d'un contrat qui n'existe pourtant pas officiellement.

La compétition est dans f avec les différentes ASC partageant la même zone géographique. A l'issue de ces championnats de zone, les meilleures équipes sont qualifiées pour les phases départementales. Les champions départementaux jouent à leur tour les phases régionales. Finalement, les équipes gagnantes disputent la phase nationale.

Avec des billets vendus entre 500 et 2 000 Francs CFA, une saison peut rapporter plusieurs dizaines de millions de francs CFA, partagés entre l'Oncav, qui organise les matchs, les équipes, les gestionnaires de stades et les municipalités. Mais dans les faits, personne ne sait réellement comment cet argent est redistribué. En 2020, les phases nationales, qui regroupent les champions des différentes régions du pays, auraient généré près de 80 millions de Francs CFA (soit 120 000 euros). Mais seul un faible pourcentage retombe dans les caisses des équipes elles-mêmes. De fait, les équipes doivent compter sur la fortune personnelle du président, sur les dons, le mécénat d'opérateurs économiques, mais surtout sur le soutien d'acteurs politiques qui use de ce tremplin populaire pour exister.

Sur le terrain, plusieurs gloires du football sénégalais ont fait leurs armes dans les Navetanes. C'est le cas par exemple d'El Hadj Diouf, l'ancien attaquant de Lens et Liverpool. Mais aussi bien entendu de Sadio Mané qui a marqué l'histoire du football de son village avec sa génération. Le jeune Sadio a évolué dans deux "clubs". Celui de Mansankunda, l'équipe du quartier où habite Sadio. Bambali est en effet composé de quatre quartiers et chaque quartier a sa propre équipe de football. Ces quartiers sont Mansakunda, HLM, Ouakam et Château d'eau. Ensuite, il portera les couleurs de l'ASC Bambali, une composition de joueurs de ces différents quartiers. Pendant ces années, il fut le porte-étendard de l'équipe du village avec, à ses côtés, l'un de ses plus proches amis, Luc.

Bambali a souvent été un acteur important du mouvement des navétanes. Il a participé plusieurs fois aux phases nationales, dont une demi-finale en catégorie cadet en 1991 à Thiès. En dehors de Sadio Mané, la terre natale de l'ancien attaquant du Bayern est un fournisseur de longue date de talents du football sénégalais. A l'image de "feu" Malang Dosé, Djiby Ndiaye, Pédro Diatta ou encore Dembo Dialang Diatta, que Sadio Mané considère comme une autre de ses idoles. On peut dire que toutes ces personnalités et leurs histoires, aussi différentes les unes des autres, ont forgé quelque part le destin de Sadio, car le football n'était pas le sport de prédilection chez les Mané. Dans sa famille, le sport favori c'est la lutte. Mais, au-delà de l'influence de ces modèles, c'est toute l'ambiance du football navétane qui a forgé le joueur qu'il est actuellement. Tant sur le plan technique que sur l'aspect moral et mental. Se battre avec fierté et conviction, peu importe les difficultés qui se trouvent face à lui.

Plus généralement, la contribution du mouvement des navétanes au football professionnel et amateur au Sénégal est immense. Une sorte de vitrine pour des jeunes talents qui espèrent être recrutés par les clubs du champion national, dans un premier temps, et pourquoi pas espérer un hypothétique départ vers un club européen.

Le mouvement navétanes va au-delà du sport, et c'est parfois une « question de vie ou de mort ». Une histoire de croyances. Chaque équipe a ses grigris et son marabout qui fait office de « figure protectrice ». Certaines disposent même de comités appelés « hon »[9] généralement pilotés par des hommes qui s'occupent du mystique. Les préparations mystiques d'avant-match font aussi partie de la préparation psychologique des équipes. C'est lors de regroupements - une sorte de mise au vert les jours de match - que se déroulent les séances de bain rituel, un préalable indispensable pour conjurer le mauvais sort jeté par les adversaires. Cette séance est orchestrée par le marabout de l'équipe en personne. La dimension mythique, très courante dans le foot africain en général et sénégalais en particulier, est d'une importance capitale. Il consiste

[9] Pratique mystique ou force surnaturelle très fréquente au Sénégal dans le football et en Afrique.

à aller chercher, ou à garantir la victoire en dehors du terrain de foot. Chaque équipe a son marabout, son charlatan... Ces derniers ne chôment pas pendant les Navétanes. Ce sont des stars très convoitées et leurs services se monnaient à coup de billets de banque. Ils sont tellement « forts » qu'ils peuvent prédire les résultats des matchs. Certains arrivent même à donner le nom du joueur qui va marquer le but ou les buts. Avaient-ils réussi à prédire la victoire de Sadio avec son club de Mbour ?

Après son succès Mbourois, justement, Sadio et ses proches ambitionnent d'intégrer une équipe de première division ou un bon centre de formation. C'est dans cette perspective que le tuteur de Sadio Mané, Prési Malamine Seydi prend attache avec un certain Pape Dieng. Ce dernier possède un solide réseau dans le milieu du football. Il utilise son carnet d'adresses pour aider Sadio à faire des essais. Surtout, Pape Dieng bénéficie de contacts solides à Génération Foot. Il contacte naturellement leurs dirigeants afin que Sadio puisse effectuer des tests, qu'il réussira avec brio. C'est le début d'une nouvelle aventure.

VI. Génération Foot, des débuts difficiles

La vie de Sadio Mané est un film, ce genre d'histoire où le héros se prend sans cesse des coups, traverse de nombreuses difficultés, mais à force de sueur, de larmes et qui après avoir gravi une à une les marches, revient le poing levé, plus fort que jamais. De Bambali à Al-Nassr, en passant par Metz, Salzbourg, Southampton, Liverpool et Munich, Sadio Mané le double ballon d'or africain a toujours adopté le « never give up »[10].

Après avoir réussi avec brio les tests lors de la première phase de recrutement, la seconde qui s'annonce ne sera pas une partie de plaisir. Sadio Mané et Aliou Djiba (un jeune joueur venu de Ziguinchor) furent les derniers joueurs à être retenus, lors de l'ultime jour des détections. Les critères de sélection sont compliqués et difficiles à GF (Génération Foot), l'un des meilleurs centres de formation du pays, financé en grande partie grâce à son partenariat avec le club français du FC Metz, depuis plusieurs années. De nombreux joueurs réputés y ont fait leurs classes, tels Emanuel Adébayor, Dino Djiba, Babacar Gueye, Papiss Demba Cissé ou Diafra Sakho. L'académie GF est l'une des rares à avoir des recruteurs dans toutes les régions du Sénégal. Ce qui rend d'ailleurs les essais difficiles et concurrentiels, car toute la crème ou presque du football amateur

[10] Ne jamais baisser les bras est devenu un slogan chez beaucoup de jeunes qui aspirent à devenir joueurs professionnels.

sénégalais se retrouve au quartier liberté 6 de Dakar. Ce quartier où pendant quelques semaines, l'académie réunit ses potentiels futurs joueurs pour les tester et sélectionner les plus prometteurs. Beaucoup d'appelés donc, mais très peu d'élus.

A l'issue des tests, Sadio est retenu et fait partie désormais, en cette année 2010, du groupe définitif de qui logera à Niacourab, dans la banlieue de Dakar, en l'attente de la finalisation des logements du centre Deni Birame Ndao, toujours en construction. Les joueurs effectueront ainsi la navette, via le bus du club, entre Niacourab et Deni Birame Ndao pour les entraînements.

Ce groupe est composé de jeunes talents, dont Mayoro Ndoye -joueur le plus prometteur selon les dirigeants de l'époque-, Abdallah Ndour, le Béninois Désiré Sagbé, Sadio Mané ou encore Sidy Bara. L'adaptation de Mané à Génération Foot se fait au ralenti. Il n'a pas encore intégré l'équipe type mais il continue de se battre. C'est après la venue d'Olivier Perrin, le responsable de recrutement de FC Metz que Sadio Mané a vraiment rejoint l'équipe première. A ses débuts, la nouvelle recrue ne fait pas immédiatement des étincelles. En ce mois d'août, après l'hivernage, Génération Foot joue un match amical de présaison contre Diambar FC. Sadio n'est pas à la hauteur, il ne retrouve pas ses qualités intrinsèques. Il rate ses contrôles, il n'arrête pas de glisser, de tomber, la balle lui échappe plusieurs fois. Dès le début de la seconde période, Sadio est remplacé. Sorti, Mané se met sur le banc de touche et verse de chaudes larmes. Le coach, inquiet, demande à l'un de ses coéquipiers, qui parle également le mandingue, de s'enquérir de la situation de ce dernier. A l'interpellation de son coéquipier, Sadio lève les yeux pleins de larmes avec un regard attristant et répond : « je n'ai jamais joué sur un terrain synthétique, je ne connais pas ce type de pelouse, je ne le vois qu'à la télé ». Sadio est déçu de son match, il est en terrain inconnu, lui le meilleur joueur de Bambali, le meilleur joueur des navétanes à Mbour, se retrouve très dépassé à Génération Foot. Il se dit certainement « j'ai toujours été premier, aujourd'hui je suis dernier ». A la fin du match, le staff vient l'encourager « ce n'est pas grave Sadio, ça arrive de rater un match, ce n'est pas grave, c'est normal tu n'es pas habitué à jouer sur ce type de terrain... » Dans le bus du retour vers Niacourab[11] il reste silencieux pendant tout le trajet, son coéquipier qui faisait office de traducteur essaie de lui remonter le moral en lui parlant en mandingue, en racontant des blagues ici et là, mais Sadio reste triste. Le découragement ne gagne pas pour autant Sadio qui persévère dans sa motivation de devenir un footballeur d'exception.

Quelques semaines plus tard, Génération Foot se déplace à Thiès, une région proche de Dakar, pour un match amical contre Mbaxane. Ce match se joue sur un terrain sablonneux. Sadio retrouve ses qualités, son aisance technique, sa capacité de percussions, sa vitesse d'exécution et d'enchainement. Dès les premières minutes, il se fait remarquer de manière positive. Il fait un match exceptionnel, il est le plus

[11] Un quartier de la banlieue de Dakar où logeaient les pensionnaires de Génération foot.

décisif. Ce match est très important pour lui, une façon de se racheter après le fiasco du terrain synthétique de Diambars. C'est comme s'il jouait « le match de sa vie ». Le natif de Bambali veut montrer à toutes les personnes qui ont douté de lui et de ses capacités, qu'ils se sont trompés. A Thiès, il a retrouvé ses habitudes de Bambali, le terrain lui est favorable, il est épanoui, il peut exprimer son talent. Pour ce match, tous les dirigeants de GF ou presque sont présents dans les gradins, y compris le Président Mady Touré. A la fin de la rencontre, tout le monde s'accorde à reconnaître que Sadio est un joueur de talent qui peut aller loin, très loin. Même les joueurs de l'équipe adverse viennent le féliciter.

Sadio enchaîne ensuite les matchs, il fait ses preuves, et devient incontournable au bout de quelques semaines seulement, bousculant ainsi l'ordre établi. Mayoro, la star, est menacé. Le chouchou des dirigeants, l'attaquant vedette et capitaine de l'équipe voit son statut de principal cadre être bousculé. Plus que son simple rôle au sein de l'équipe, Mayoro Ndoye, qui était destiné à faire une belle carrière hors du Sénégal, voit un concurrent sérieux se hisser à ses côtés. Les places vers l'Europe sont chères, et il est alors légitime de se demander si les deux coéquipiers auront l'opportunité de rejoindre la France et le club partenaire du FC Metz. L'avenir des deux jeunes joueurs sont liés. Poursuivront-ils leur chemin ensemble ? Vers quels horizons ?

Finalement, six mois plus tard, les deux rivaux sont choisis pour rejoindre la France et le Football Club de

Metz afin d'y signer leur premier contrat professionnel. Mayoro est le premier à arriver au sein du club lorrain, sur les bords de la Moselle. Le FC Metz est une véritable terre d'accueil pour beaucoup de joueurs sénégalais depuis de très nombreuses années. On peut même dire que Génération Foot est devenu le vivier de recrutement du FC Metz. Bien entendu, il y a eu les attaquants Papiss Cissé et Babacar Gueye, ou encore les milieux Fallou Diagne et Dino Djiba. Ce dernier, en 2008, alors à l'essai dans un club anglais, évoquait avec un grand sourire l'importance de la délégation sénégalaise au sein du club lorrain lors de son passage. Il se rappelle que les joueurs sénégalais étaient tellement représentés dans l'effectif du club, qu'il n'aurait finalement manqué qu'un gardien de but sénégalais pour monter une équipe nationale du Sénégal. Ils étaient dix. Et il est vrai que le staff messin sait y faire pour accueillir et intégrer en douceur ses nouvelles recrues. Cette relation entre la Lorraine et les joueurs sénégalais prend possiblement sa source au milieu des années 80. A cette époque, la légende du football sénégalais, Jules François Bocandé écrit une belle page de son histoire et de celle du FC Metz, près de 30 ans avant l'arrivée de Sadio Mané.

C'est le début d'une nouvelle aventure pour Sadio. Il rejoint à son tour la France en janvier 2011 pour intégrer l'effectif des moins de 19 ans du FC Metz jusqu'à la fin de l'exercice sportif, à l'été 2011. Les conditions hivernales difficiles sont une nouveauté, mais le néo messin s'accroche, même si une pubalgie retarde quelque peu son évolution. Après six mois d'une lente adaptation chez les jeunes, il est intégré, dès le début de la saison 2011-2012 à l'effectif réserve du club. L'antichambre du groupe professionnel, qui évolue alors en Ligue 2. Sadio peut compter sur la délégation sénégalaise pour faciliter son quotidien. Diafra Sakho, notamment, joue le rôle de grand frère. Il couve son jeune compatriote, l'invite à loger chez lui, et facilite ainsi l'évolution de son cadet. Cependant, Sakho est amené à quitter l'effectif messin, prêté par son club à l'US Boulogne afin de gagner du temps de jeu. Le jeune Mané doit maintenant voler de ses propres ailes. Heureusement, cette transition est facilitée par l'arrivée en Lorraine de son ami Désiré, en provenance de Génération Foot. Désiré et Sadio n'étaient pas très proches, à leur arrivée au centre de formation. Le Béninois était plutôt ami avec Mayoro Ndoye, chez qui il logeait le week-end. Les dirigeants de Génération Foot avaient mis en place une politique d'intégration des joueurs exilés. Ainsi, tous les joueurs habitant Dakar devaient "prendre en charge" un joueur étranger afin de favoriser leur adaptation. Les familles de ces joueurs faisaient office de "famille d'accueil" durant les week-ends et les vacances. Mais au fil des semaines, Sadio et Désiré se sont rapprochés car ils avaient, pour point commun, d'être quasiment les seuls joueurs du centre à ne pas parler pas le wolof, langue majoritaire au Sénégal. Si Sadio n'est pas un étranger au Sénégal, contrairement à son ami béninois, il avait les mêmes difficultés relatives à la barrière de la langue et à l'angoisse de l'exil. Mais peu à peu, les bonnes performances du natif de Bambali fait de l'ombre à Mayoro, et la guerre froide est déclarée entre l'ailier de Bambali et l'attaquant *Boy Dakar*. Désiré se trouve alors dans une situation inconfortable, il doit choisir son camp entre Mayoro, devenu son “ami-frère adoptif” et Sadio son “ami-frère de galère”. La rivalité prend des proportions importantes et impacte le club sur le plan sportif. La direction du club décide de prendre les choses en main en organisant une réunion de crise. Les familles des deux joueurs sont convoquées au siège, la tension s’apaise petit à petit.

C’est en janvier 2012 qu’il effectue ses premiers pas avec l’effectif professionnel. Son talent est bien trop grand pour végéter en championnat amateur, avec la réserve. Ce 14 janvier, il s’en souviendra toute sa vie. Pour le compte de la 19ème journée du championnat de Ligue 2, le FC Metz reçoit à Saint Symphorien, le SC Bastia. Alors que le score est de 0 à 0, Sadio est appelé par son coach, Dominique Bijotat à la 75ème minute de jeu. Enfin, le monde professionnel s’ouvre à lui et devient réalité. Kevin Diaz laisse sa place à son jeune coéquipier, qui aura droit à une petite quinzaine de minutes de jeu. Le résultat sportif ne sera pas à la hauteur et le club lorrain s’incline à la 90ème minute.

Malheureusement, sur le plan collectif, le FC Metz est en difficulté cette saison et flirte constamment avec la zone de relégation. Le chemin sera difficile pour se maintenir. Sur le plan individuel, Sadio gagne du temps de jeu et de la confiance, malgré les piètres résultats de son équipe. Sadio alterne titularisation et entrées en jeu, il acquiert de l’expérience, il apprend à se battre chaque match pour rapporter de précieux points. Il signe sa première passe décisive lors de son huitième match, au Stade Jules-Deschaseaux du Havre. Signe du destin, c'est Kévin Diaz qui transformera l'offre du jeune sénégalais. Bien que le FC Metz continue de plonger et se dirige tout droit vers le fond du classement, Sadio devient un titulaire indiscutable et s'offre même son premier but en carrière lors d'une défaite, par cinq buts à deux, à domicile face à l'EA Guingamp. Anecdotique pour le club et le joueur, tant cette défaite anéantit presque les espoirs de maintien du club.

L'ambiance est morose, les grenats ne prendront qu'un seul petit point lors des deux dernières journées et termineront à une triste 18e place, synonyme de relégation en championnat national, le 3e échelon français. Malgré des statistiques faméliques, avec un but et une passe décisive en 19 apparitions, ses qualités et son potentiel ne sont plus à démontrer. A Metz, le staff est persuadé que sa nouvelle pépite est promise à un avenir radieux, et qu'il sera un atout essentiel pour atteindre, dès la saison prochaine, l'objectif d'une remontée immédiate du club en 2e division. Sadio a convaincu son club, et bien d'autres recruteurs avisés également. Mais en cette fin de saison, il n'est pas encore question d'évoquer son avenir. Au contraire, le besoin de se ressourcer et d'évacuer la pression d'une fin de saison pesante se font sentir.

VII. L'agent ne fait pas le bonheur

Nous y sommes, la confirmation tant attendue par Sadio Mané approche. Après une saison difficile sur le plan collectif mais accomplie sur le plan individuel, le jeune de Bambali n'attend qu'une chose, pouvoir retrouver ses amis de la sélection olympique, dirigée par Karim Sega Diouf. La concurrence est rude et Sadio doute de sa présence sur la liste des 18 joueurs qui s'envoleront pour disputer les JO de Londres. Représenter son pays a toujours été un rêve pour lui, concrétisé une première fois le 25 mai en amical face au Maroc, par 79 minutes de présence sur le terrain.

La liste tombe, Sadio sera bien du voyage pour l'Angleterre et pourra porter fièrement le maillot des Lions de la Téranga. Cette sélection, il la voulait, plus que tout. Pour se rassurer, il a récemment pris attache par téléphone, via le journaliste Bacary Cissé, avec Maître Moustapha Kamara, conseiller juridique du sélectionneur adjoint, Aliou Cissé. Les appels vers l'avocat sont fréquents, incessants, jusqu'à 10 fois par jour. Sadio veut savoir. Comment son profil et son comportement sont-ils perçus en interne par le sélectionneur et son adjoint ? Lui, l'enfant timide n'est-il pas trop réservé pour se faire une place parmi cette génération talentueuse, composée de joueurs plus expérimentés au niveau international, tels Idrissa Gueye ou Stéphane Badji. Maître Moustapha Kamara se veut rassurant, les qualités du messin ont fait mouche et son calme rassure en interne, les jeunes joueurs étant parfois difficiles à canaliser. L'anxiété ne sera quand même levée que par la liste officielle communiquée par la Fédération sénégalaise. Un vrai bol d'air pour Sadio. Rasséréné par cette parenthèse internationale, il va pouvoir quitter, pour quelque temps, l'ambiance pesante qui règne au FC Metz. Ce changement estival lui permet de solidifier de nouvelles attaches avec les autres joueurs sélectionnés, mais aussi de pouvoir rencontrer et remercier Maître Kamara, qui sera lui aussi du voyage pour le stage de préparation.

Il faut dire que la sélection de Sadio a été facilitée par les refus de rejoindre l'équipe olympique, des attaquants Dame Ndoye, Papiss Demba Cissé et surtout du jeune rennais Abdoulaye Sané qui a catégoriquement décliné l'appel, sous la pression de son agent. Quel gâchis puisque ces Jeux olympiques vont véritablement mettre en lumière cette génération de jeunes joueurs. Par ce choix, Abdoulaye Sané signait, sans le savoir, la fin de sa carrière. Préférer rester au sein de club, au détriment de sa sélection nationale, et de la visibilité apportée par un tel événement interroge, même s'il est toujours plus facile, bien entendu de juger après coup. Mais cette stratégie, probablement décidée collectivement par le joueur, son agent et le club, est à double tranchant.

Rendez-vous le 9 juillet 2012 à Vichy pour le stage de préparation où l'avocat est présent avec la sélection olympique pendant un mois. La rencontre entre

Kamara et Sadio est amicale malgré la timidité du joueur, un peu gêné d'avoir tant sollicité l'avocat. Vichy est connu pour être un centre de performance de haut niveau. Les jeunes olympiques s'entraînent deux fois par jour avec une préparation physique intense, sous la direction de l'adjoint Aliou Cissé qui découvre le métier de sélectionneur, et la préparation tactique sous la direction de Karim Séga Diouf. Le soir est réservé aux séances de remise en forme au dernier étage de l'hôtel et à la préparation mentale. L'ambiance était bon enfant. Durant tout ce mois de stage, aucun incident n'a été signalé. Au demeurant, personne n'aurait rapporté un quelconque écart, pour la simple bonne raison qu'aucun journaliste n'était présent. Pour clôturer le stage, un match amical est programmé contre la favorite des JO, la sélection suisse. A la surprise générale, le Sénégal l'emporte grâce à Moussa Konaté, la star de l'équipe et le chouchou du staff.

Manchester, Old Trafford, le 26 juillet. L'hymne du Sénégal « Le lion rouge » résonne dans les oreilles des 55000 spectateurs présents. L'émotion est palpable sur le visage de Sadio Mané, qui, la main sur le cœur comme ses 10 autres coéquipiers, se tient entre Saliou Ciss et Pape Souaré. Repris par le stade entier, les dernières notes du God Save the Queen font frémir la foule. La compétition commence, et opposé au pays hôte, la sélection olympique sénégalaise ne pouvait rêver d'un meilleur test. Face à elle, la Grande-Bretagne est composée de joueurs qui feront le football des années à venir, notamment Micah Richards, Daniel Sturridge, Aaron Ramsey, Ryan Bertrand et cerise sur le gâteau, des expérimentés Ryan Giggs et Craig Bellamy. L'opposition est belle mais le Sénégal n'est pas là pour faire de la figuration.

Le match est âpre avec 4 cartons jaunes, le Sénégal souffre, mais a du répondant. Malgré l'ouverture du score de Bellamy, les Lions ne lâchent rien et vont finir par égaliser à la 81eme minute. Une superbe ouverture en profondeur de Sadio Mané trouve Moussa Konaté, qui trompe Jack Butland d'un piqué du pied droit. Avec ce point du match nul, le Sénégal vient de démontrer au Monde entier qu'il est un adversaire à ne pas prendre à la légère. Trois jours plus tard, ce sont les Uruguayens de Luis Suarez et Edinson Cavani qui se présentent face à Sadio Mané, à nouveau titulaire. Les Lions s'imposent 2 buts à 0 grâce au festival de Moussa Konaté, auteur d'un doublé. Le groupe vit bien et cette victoire permet aux jeunes joueurs d'engranger de la confiance. Un dernier nul face aux Emirats Arabes Unis assure la qualification du Sénégal pour les quarts de finale. Place à présent au Mexique, adversaire de grande qualité. Pourtant rapidement menés par 2 buts à 0, les hommes de Séga Diouf parviennent à arracher une impensable prolongation. Mais ils céderont finalement sur le score de 4-2. Le Mexique poursuit son chemin jusqu'au titre suprême. La belle aventure du Sénégal s'arrête là mais elle n'est pas vaine. Un groupe est né et pourra nourrir la tanière de jeunes talents. L'avenir de la sélection A s'annonce radieuse. Pour les joueurs, un nouveau monde plein d'opportunités s'ouvre, grâce à l'exposition mondiale de cette compétition olympique.

Sadio bénéficie de quelques jours de repos avant de revenir à Metz afin d'éprouver son talent aux combats physiques du championnat National, pour une saison qui devrait lui permettre de confirmer son talent et sa régularité. Mais après sa saison difficile, sanctionnée d'une descente en 3ème division, le club Messin accuse d'importantes pertes financières et doit assurer sa pérennité économique. Dès lors, se séparer de quelques joueurs devient une obligation. Pour les dirigeants mosellans, la fin d'été promet d'être mouvementée. Heureusement pour eux les capacités de l'ailier sénégalais ont sauté aux yeux de nombreux clubs européens. C'est dans ce contexte que se nouent les premiers contacts avec le Red Bull Salzbourg, club nouvellement riche du championnat autrichien. Avec l'arrivée récente, 7 ans auparavant, d'un sponsor de renommée mondiale, le club mythique fondé en 1933 revient au plus haut plan national, avec une double ambition. Assurer un développement basé sur le trading de joueurs mais aussi devenir le vivier de son grand frère allemand, le RB Leipzig. Dans cette optique, la jeune pousse du FC Metz intéresse les recruteurs autrichiens. Mais la concurrence est rude. En effet, de nombreux clubs sont venus aux renseignements et ont fait part de leurs intérêts pour Sadio Mané, malgré une expérience professionnelle de six petits mois. Quand le talent est là, il n'attend pas le nombre des années. Des clubs russes, dont le Zénith Saint-Pétersbourg, et turcs, parmi lesquels Besiktas, figurent aussi sur la liste des clubs intéressés. Des offres, à hauteur de 2M€, pour racheter les dernières années du contrat du sénégalais, sont arrivées sur le bureau des dirigeants français. Des offres inespérées pour un joueur encore inconnu il y a six mois. Mais la direction lorraine tient bon, espérant que la vive concurrence entre ces prétendants fasse monter les enchères. Rapidement, les conseillers de Sadio écartent les pistes Russes. Sage décision car les conditions d'adaptation n'ont jamais été propices au développement des joueurs africains dans ce pays. Aiguillé par son agent français et son agent sénégalais, Sadio profite de conseils sportifs avisés. Il est essentiel, d'autant plus lorsque l'on est un jeune joueur quittant son pays, de s'entourer d'une équipe de confiance. Il n'est pas rare de nos jours de lire et d'entendre dans les médias de nombreux témoignages, parfois plus fous les uns que les autres, de ces relations entre joueur et agent. Et quand les parents ou amis se mêlent des négociations, on entre parfois dans des scénarios dont les plateformes de streaming seraient friandes. La pression de l'entourage peut contraindre le joueur, et a fortiori son agent, à mettre le projet sportif au second plan. L'argent fait tourner les têtes, et il est malheureusement fréquent de voir l'entourage du joueur, plus ou moins proche d'ailleurs, se «greffer au deal». Et ce ne sont bien entendu pas leurs compétences techniques et juridiques qui justifient leurs intrusions dans ces négociations. Mais plutôt une pression. Une pression malsaine, un pouvoir d'influence sur la décision du joueur et sa future destination. Cette influence de l'entourage exècre la majorité des agents. On se rappelle le choix russe de Moussa Konaté, après les JO qui a tourné au fiasco. Les Russes auraient convaincu l'oncle du joueur grâce à une enveloppe qui serait sensiblement supérieure à 200.000 dollars.

Nous connaissons la suite de l'histoire qui a conduit à un déchirement de la famille. L'aspect sportif, objectif naturel principal n'est alors plus une priorité, et les conditions de travail ne sont ni saines, ni apaisées. La réglementation du métier d'agent sportif est souvent minée par des conflits évidents d'intérêts. Dans le but d'éviter ce type de problèmes, Pape Diouf (1951-2020) par exemple, avait rendu sa licence d'agent FFF afin de devenir Directeur sportif puis Président de l'Olympique de Marseille. La nouvelle Circulaire de la FIFA d'octobre 2022 va certainement mettre un peu d'ordre dans l'exercice du métier d'agent de joueur. Autrement dit, toute personne qui envisage de devenir agent est obligée d'avoir une licence Fifa. Il peut également arriver que des clubs soient à l'initiative d'intrusion de ces nouveaux acteurs pendant les négociations des transferts et des contrats, dans l'optique de contraindre le joueur à s'en aller et ainsi obtenir une indemnité financière de transfert. Les échanges se font alors sous le joug de pressions malsaines. Les histoires et témoignages peuvent être glaçants, en attestent les affaires Pogba et Hamraoui, qui ont secoué le football français en 2022.

Ces histoires, Sadio Mané en a rapidement fait les frais, dans une moindre mesure. Il a été confronté à la difficile réalité du monde du football. Une réalité crue où chacun y voit son intérêt particulier. Jusqu'à présent loin de ces sombres affaires, l'enfant de Bambali a confié les négociations de ses intérêts à un duo franco-sénégalais. Sa confiance en ce duo, renouvelée par un nouveau mandat de représentation signé le 4 juillet 2012 avant son départ en sélection, ainsi que les relations fraternelles entre Metz et Génération Foot, permettent au jeune joueur de ne pas s'inquiéter de l'aspect économique lié à son premier contrat professionnel. L'importance d'intégrer le monde professionnel était encore, il y a peu, un doux rêve et les conditions salariales de son arrivée à Metz n'ont alors eu qu'un intérêt relatif à ses yeux, tant la progression économique est abyssale avec ce qui faisait son quotidien dans le championnat sénégalais. Sa rémunération en France s'estime alors aux alentours de 7000€ nets mensuels. Le rectangle vert a toujours été sa priorité, la gestion financière laissée à la sagacité de ses conseillers.

Le mois d'août touche à sa fin et le mercato d'été est proche de son terme. Si les demandes concernant leur nouvelle pépite sénégalaise continuent d'arriver aux oreilles des décideurs messins, aucune proposition ne semble faire pencher la balance en faveur d'un départ. Bernard Serin, le Président du club souhaite conserver son « joyau » et s'est fixé une barre d'une indemnité de transfert élevée pour céder le joueur sénégalais : à moins de 4 M€, Sadio restera au club !

En ce matin du jeudi 30 août, dans le cadre de la 5ème journée de championnat, l'effectif messin composé par l'entraîneur Albert Cartier fait état de 17 joueurs, dont Sadio Mané. Cependant, alors que tout le monde s'affaire à se mettre en route pour la Normandie, où le club va affronter Quevilly, un joueur manque à l'appel. Alors que son sac et ses affaires personnelles font le voyage en bus pour l'ouest de la France, c'est loin de la Moselle que se dirige le grand absent. Après un court voyage en train entre Metz et Paris, c'est à bord d'un avion qui relie Paris à l'Autriche que se trouvent Sadio et ses conseillers. La fenêtre des transferts autorisés par la fédération autrichienne ferme le vendredi 31 août et c'est le jeudi que Salzbourg a accéléré les négociations pour faire venir Sadio Mané. Le Red Bull a finalement décidé de s'aligner sur les demandes du président messin, il doit à présent accélérer les démarches. Malgré les nombreuses critiques extérieures, le projet sportif a été rapidement validé par les conseillers du sénégalais, lors des premiers contacts établis les semaines précédentes. La visite médicale est validée, les formalités administratives et contractuelles signées. Le transfert est officialisé dans la foulée. Le nouveau numéro 40 du RB Salzbourg paraphe son nouveau contrat de 4 ans, pour un salaire global de 2.369.975€ bruts. Dix pourcents de ce montant, soit 236 975€ seraient dans les poches de ses agents, ainsi que la prime de signature de 290 000€. Ce montant total de 526 975€ fera l'objet d'une contestation devant le Tribunal de Grande Instance de Nanterre en janvier 2018. Par la suite, la Fédération Française de Football réajustera ces commissions conformément à la réglementation. Sadio Mané demandera à ses agents le remboursement du trop-perçu de cette commission, ainsi que la restitution de la prime à la signature. Si un premier versement de 30.000€ sera versé à Sadio, il pardonnera le reste, et ne réclamera pas son dû. Au surplus de ces premières surprises, Sadio aurait constaté qu'il ne percevait réellement qu'une partie des 49000€ mensuels de son salaire. En effet, ce salaire aurait transité par un « établissement » sénégalais, qui en ponctionnerait une partie avant de reverser le reliquat au joueur. Cette pratique qui aurait été mise en place était inconnue de Sadio. Ce dernier se serait retrouvé une nouvelle fois floué, une fois de trop. La confiance en ses conseillers est ainsi rompue et le mandat de représentation prévu jusqu'en juillet 2014 est résilié avant la fin 2012.

Le projet sportif choisi par ses agents, avec son arrivée à RB Salzburg, est néanmoins cohérent malgré les abus financiers évoqués. Sadio peut désormais évoluer à un niveau plus en adéquation avec ses qualités.

Pas le temps de tergiverser, son adaptation au club est rapide. Les moyens de Salzbourg sont supérieurs à ceux des messins, le quotidien du joueur est géré entièrement par le club autrichien et le football est dorénavant la seule préoccupation du sénégalais. Bien plus que l'aide matérielle de son nouvel employeur, Sadio peut bénéficier, au quotidien, des conseils de Sarah, une jeune fille récemment rencontrée. La jolie brune, au cheveux longs, l'accompagne pour encore mieux maîtriser son environnement et lui apprendre les rudiments de la langue de Goethe. Sarah lui permet également de découvrir de nouvelles choses, ils sortent fréquemment ensemble pour découvrir la ville, ses restaurants et ses musées. Une première pour Sadio qui peut découvrir le quotidien d'un jeune homme de son âge, au-delà du football. Les deux jeunes sont proches et Sarah est même la seule personne de l'entourage de Sadio à posséder les clés du petit deux pièces occupé par le joueur sénégalais.

Cependant, il faut dire que si Sadio peut démontrer tout son talent dans ces rudes compétitions autrichiennes, avec 19 buts et 10 passes décisives en 29 matchs, ainsi qu'en Europa League, tout n'est pas si simple, notamment en termes de reconnaissance. Ainsi, il ne bénéficie que de l'un des plus petits salaires de l'effectif. Le manager du club justifie étrangement ce montant, en le comparant au très bas niveau des salaires des fonctionnaires autrichiens. Pourtant, d'autres joueurs de l'effectif, dont Soriano, Allan et Ramalho gagnent bien plus que lui et émargent au minimum à 100 000€ mensuels. Maître Kamara continue de se battre pour Sadio. Longtemps intransigeant, les dirigeants du Red Bull accepte finalement de le transférer malgré la résistance du Directeur Sportif Ralf Rangnick et de son conseiller Gérard Houllier. Direction Southampton pour Sadio, qui arrive en Angleterre le 31 août 2014.

Maitre Moustapha Kamara, nouveau conseiller juridique de Sadio n'est cependant pas habilité à travailler en Angleterre, dû à la réglementation très stricte sur les agents sportifs. Aussi, en commun accord avcc le journaliste Bacary Cissé et Sadio Mané, le mandat de négociation du contrat est établi au nom du groupe Arena 11. Ce groupe a été nouvellement créé en mars 2014 par Bjorn Bezemer - qui représente d'ailleurs toujours les affaires du sénégalais en 2023 - et son associé Andreas Sadlo.

Afin de rencontrer et travailler avec Sadio, Bjorn s'appuie sur un salarié du club autrichien, Mustapha.

Le tunisien s'occupe des affaires quotidiennes de Sadio, ses courses ou ses transferts d'argent vers sa famille au Sénégal. Le futur agent gagne la confiance de Mustapha. Ce dernier permet aux deux hommes de se rencontrer plusieurs fois. Si Bjorn fait le pied de grue en bas de l'appartement du joueur, ce n'est finalement que plusieurs mois après qu'il sollicitera le joueur afin de rencontrer son conseiller, Maître Kamara. Durant l'été 2014, la rencontre entre Bjorn Bezemer et Maître Moustapha Kamara a eu lieu à Paris, dans l'optique pour le jeune allemand d'origine autrichienne, de présenter à l'avocat un projet sportif ambitieux. Ambitieux, à l'image du potentiel de l'ailier du RB Salzbourg, devenu en l'espace de quelques mois, le meilleur joueur et meilleur buteur du championnat autrichien, ainsi qu'un international à la réputation grandissante.

Lors de cette rencontre parisienne, l'agent allemand déroula l'intégralité de son programme de collaboration, et notamment la mise à disposition de sa licence afin de faciliter le transfert du joueur vers Angleterre.

Un courriel de compte rendu est transmis par l'agent allemand à l'avocat, permettant aux hommes de poursuivre leurs discussions et de corriger les derniers détails du mandat de représentation entre le joueur et Arena 11. Sadio est dorénavant protégé juridiquement par un mandat finement établi. Pour la petite histoire, Me Kamara ne jugera pas nécessaire d'intégrer l'utilisation de ses compétences à ce mandat. Grand mal lui fasse, il sera rapidement écarté par Arena 11, lors des prochaines négociations.

Dernier détail à régler afin d'évoluer en Angleterre, l'attribution d'un visa de travail. Le Sénégal n'a toutefois pas de représentant en Angleterre permettant de délivrer le précieux sésame. Maître Kamara accompagne alors Sadio, du 3 au 10 septembre, à Accra, au Ghana, pour obtenir le fameux document. Tous les frais de ce voyage sont avancés par Maître Kamara, y compris ceux de la visite médicale, préalable essentiel à la validation définitive de la signature du sénégalais à Southampton. Ce séjour au Ghana est facilité par l'aide matérielle fournie par l'ambassadeur du Sénégal.

Le périple administratif touche à sa fin, les documents sont en règles, Sadio est enfin un joueur de Southampton !

©Samboudiang SAKHO

Lycée de Bambali

©Samboudiang SAKHO

Embarcadère sur le fleuve Casamance

©Samboudiang SAKHO

Hôpital de Bambali

Panneau du lycée de Bambali

©Samboudiang SAKHO

Station service à l'entrée de Bambali

©Samboudiang SAKHO

Pharmacie de l'hôpital

©Samboudiang SAKHO

©crédit photo DR

2010 - Sadio, en bas à droite, avec un pansement à ses débuts avec Génération Foot

2011, Sadio en 2e position, en bas à partir de la gauche, avec GF)

©crédit photo DR

©crédit photo DR

2011 - Sadio, en 3e à partir de la gauche, avec son capitaine Mayoro Ndoye, avec GF

©crédit photo DR

2016 - Sadio et Maître Kamara lors de la signature à Liverpool

©crédit photo DR

2023 - signature à Al Nassr, Sadio accompagné de son oncle Sana

VIII. Southampton : un saint chez les Saints

Située sur la côte Sud de l'Angleterre, à 130 km de Londres, Southampton est une ville agréable. Une ville portuaire où les bateaux arrivent de toute l'Europe, chargés de marchandises. Historiquement, Southampton est une ville qui a été au centre de l'histoire anglaise, c'est la région de l'ancienne capitale de l'Angleterre, Winchester, située dans le comté de Hampshire.

Southampton n'est pas vraiment une “ville de football”, contrairement à celles que l'on peut trouver dans toute l'Angleterre. Ses joueurs sont surnommés The Saints, en référence à la Sainte Marie, ce qui en dit long sur l'histoire et la ferveur autour de ce club, assez tranquille.

Depuis 2012, Southampton a retrouvé la Premier League anglaise. Le club se bat, s'accroche, et frôle parfois la relégation. Loin de sa glorieuse victoire FA Cup, remportée contre Manchester United en 1976, seule ligne notable à son faible palmarès. Malgré cette disette, le club a vu passer de très grands joueurs, ayant écrit les plus belles pages du football anglais dont Kevin Keegan ou Alan Shearer. Southampton est néanmoins réputé pour son académie de formation, l'une des meilleures du pays, dont sont sortis Gareth

Bale ou Théo Walcott, pour ne citer qu'eux. Cette politique d'investissement dans son centre et vers de jeunes joueurs est assez proche de celles qu'a connues Sadio au FC Metz et à Salzbourg.

Sadio rejoint donc, pour 23M€, une nouvelle fois, un effectif jeune. Dirigé par le Néerlandais Roanald Koeman, qui a pris les rênes du club en remplacement de Mauricio Pochettino, le club se lance dans le pari fou et risqué de la jeunesse. Il se sépare de cinq de ses joueurs cadres, cédés à des cadors de l'élite anglaise dont Liverpool, Manchester et Arsenal. Parmi ces joueurs, Rickie Lambert, Adam Lallana et Dejan Lovren rejoignent Liverpool. Luke Shaw pose ses valises à Manchester United et Calum Chamber part chez les Gunners d'Arsenal. Le club investit en retour sur des joueurs à fort potentiel. C'est dans ce contexte que l'entraîneur Néerlandais a convaincu l'ailier Sénégalais Sadio Mané de signer à Southampton, le dernier jour de mercato. Mais la concurrence fut rude tant les dernières performances de Sadio à Salzbourg étaient incroyables, durant cet été 2014. Daniel Levy, le Président du club londonien de Tottenham Hotspur, a tenté sa chance en invitant le jeune sénégalais et ses conseillers à visiter les infrastructures du club. Il lui présentera à cette occasion les ambitions sportives des Spurs. Le projet est convaincant mais la marche n'est-elle pas trop haute pour le moment ? Après réflexion, il est décidé qu'il sera plus sage de choisir un club tremplin, qui permettra au jeune sénégalais de franchir tranquillement les paliers, un à un.

Un autre club, allemand celui-ci, s'était ajouté à la liste des prétendants. Il s'agit de Dortmund, alors entraîné par Jörgen Klopp. L'entraîneur souhaitait ajouter Sadio à son effectif et n'a pas hésité à envoyer un jet privé à l'ancien messin et à son avocat, Maitre Kamara afin de venir discuter d'une potentielle collaboration. Dans son grand bureau, placé à l'aile gauche de l'entrée du stade, Klopp sort le grand jeu en expliquant son ambition, sa méthode, sa philosophie de jeu à Sadio. L'entretien se déroule positivement, mais le manager allemand a estimé le prix de 15 millions d'euros, fixé par Salzbourg, trop élevé.

Ce choix de partir évoluer pour le club du sud de l'Angleterre, a été mûrement réfléchi. Le natif de Bambali ne pouvait rêver mieux, tant sur le plan financier que sportif. Lorsque Sadio Mané arrive à Southampton, et s'installe dans un hôtel cossu du centre de la ville. Il y logera plusieurs mois. L'agent Allemand, lui trouvera plus tard un appartement dans le quartier de Hill Lane, non loin du centre-ville. Bien que situé dans quartier calme et agréable, l'appartement posait plusieurs problèmes, notamment d'ordre sécuritaire, pour un joueur du standing de la Premier League. Sadio n'était pour autant pas exigeant, mais les lieux étaient vétustes, les murs rayés, mal isolés et l'ensemble demandait beaucoup de travaux de rénovation. Pourtant, Bjorn, l'agent de Sadio trouvait l'habitation correcte, pour un jeune joueur africain. Maitre Moustapha Kamara, qui continuait de faire régulièrement la navette entre Marseille et Southampton, insista pour loger plus décemment le jeune sénégalais.

Après de multiples recherches, un nouveau logement fut trouvé à Winchester, une petite ville voisine située à 19 km au nord de Southampton. Une ville tranquille, une ville sûre, dans une zone pavillonnaire. Une ville où habite d'ailleurs la quasi-totalité des joueurs de Southampton. Sadio s'installe dans ce logement de deux étages, qui propose également un grand jardin. Dorénavant, Sadio vit dans de meilleures conditions. Il ne changera d'ailleurs plus d'habitat avant son départ pour Liverpool. Maître Kamara n'est pas le seul à venir rendre visite à Sadio. Sarah est toujours présente et n'hésite pas à faire de nombreux allers-retours entre l'Autriche et l'Angleterre, afin notamment de faciliter le déménagement des affaires de Sadio entre l'Autriche et l'Angleterre. Toujours aux petits soins, elle organise là aussi sa routine et intègre un cuisinier personnel au staff quotidien du joueur. Sadio reste pour le moment relativement seul au quotidien, si l'on excepte le staff mis à sa disposition par le club. Sa famille lui manque.

Sur le terrain, ses débuts sont prometteurs avec une passe décisive et un but lors de ses quatre premières apparitions. Il vit ensuite un véritable trou d'air et ses performances en demi-teinte nourrissent de très nombreuses critiques de la part de ses supporters, qui en viennent à douter de l'investissement de leur club. La pression est forte, très forte. Il sait qu'il doit évoluer, progresser, changer son approche globale, notamment en termes de préparation. Mais Sadio peut compter sur un soutien indéfectible, celui de sa maman. Elle vient, pour la première fois depuis le départ de son fils du Sénégal, lui rendre visite durant cette période difficile.

Elle est accompagnée d'oncle Sana, toujours présent pour rassurer son neveu. Probablement rasséréné par cette visite, son moral revient peu à peu au beau fixe. Si sa famille est retournée au Sénégal, un petit bout de Casamance l'accompagne au quotidien. Rencontré au hasard d'une rencontre par Maître Kamara, qui le présentera à Sadio, un Sénégalais prénommé Ella permet au jeune joueur de garder une partie de son enracinement. Ella, alias Rasta, est lui aussi originaire de la Casamance. Il est surnommé ainsi en raison de ses dreadlocks et de son style vestimentaire. Véritable amoureux de la culture jamaïcaine et plus généralement de la musique reggae, il est aussi un vrai passionné de football. Titulaire de diplômes d'entraîneur, il coach actuellement l'AFC Stoneham, un petit club de Southampton. Rasta devient peu à peu un proche de Sadio. Ensemble, ils procèdent aux debriefs d'après match et discutent tactique. Sadio prête beaucoup d'attention aux conseils de Rasta qui analyse tout, ne laisse passer aucun détail. En véritable ami, il est franc et sans filtre avec leur joueur des Saints.

Sur le plan mental, Sadio retrouve des couleurs, mais il lui faut travailler un autre aspect, jusque-là trop négligé. Le championnat anglais est d'une intensité redoutable, et le moindre contrecoup physique ne pardonne pas. Sadio demanda à son conseiller Maître Kamara de lui trouver une solution. Ce dernier active son réseau et contacte Fabien Richard, l'un des tout meilleurs préparateurs physiques au monde. Du haut de ses vingt années d'expérience, il s'occupe de la préparation et du maintien en forme des plus grandes stars du football, parmi lesquelles Riyad Mahrez et Demba Ba. Son calendrier est extrêmement chargé, trop pour trouver le temps de s'occuper du jeune Sadio. Heureusement, Maître Kamara ne lâche pas l'affaire et trouve un accord avec le préparateur. Fabien est le préparateur physique personnel de l'international français, Morgan Schneiderlin, coéquipier de Sadio à Southampton. Il accepte d'aligner le programme de Morgan avec celui de Sadio. La liste du matériel nécessaire aux exercices est transmise au sénégalais. Ce dernier sort le chéquier et dépense près de 50 000€, soit une grande partie de son premier salaire, pour aménager le deuxième étage de son logement en véritable salle de sport

Après deux mois de coopération et de sessions intenses, le sénégalais est transformé physiquement. Fabien, en véritable professionnel, a très rapidement détecté ce qui fait la force du joueur, et a travaillé à l'amélioration de ses qualités d'explosivité. Les premiers appuis sont une véritable force au plus haut niveau, et permettent aux joueurs explosifs et rapides, de créer des différences essentielles. Sadio est un véritable monstre physique et le préparateur souffre lui aussi lors des séances de préparation. Le sénégalais est un véritable roc, et pour la première fois depuis qu'il exerce ce métier, Le préparateur termine les séances marquées par de nombreux bleus au corps, signe de l'intensité physique opposé par son nouveau client. Fabien en est convaincu, le Top 5 des clubs anglais viendra rapidement chercher le jeune Mané.

Lors du boxing day, cette période de fin d'année, lors

des fêtes de Noël, où le football anglais est en ébullition avec un enchaînement intense de quatre matchs disputés en dix petits jours, il retrouve des couleurs. Cantonné au banc des remplaçants lors du premier match, il se montre ensuite à son avantage avec une série de trois buts lors des trois matchs suivants, notamment contre les cadors que sont Chelsea et Arsenal. Sa saison est enfin lancée et Sadio devient un titulaire indiscutable. Il parachève son année en marquant l'histoire, face à Aston Villa. Deux minutes et cinquante-six secondes, c'est le temps qu'il faut au sénégalais pour inscrire le triplé le plus rapide de l'histoire du football anglais. Le travail paie, toujours. Southampton termine son exercice a une magnifique septième place, juste derrière les Reds de Liverpool.

L'été est plutôt calme du côté du sénégalais, jusqu'à ce que Manchester United tente une approche pour enrôler l'ailier. Luis Van Gaal est très intéressé par son profil explosif. La pression est très intense sur Sadio mais le projet mancunien est rejeté, faute de visibilité sur le plan sportif. La manager néerlandais est en effet en danger du côté de Manchester, et Sadio préfère écouter sagement les conseils de Maître Kamara, contre l'avis de son agent. Un conseil qui coûte cher à l'avocat, qui sera petit à petit écarté de l'entourage du joueur. Le staff des Saints, conscient que leur nouveau joyau a exercé une influence prépondérante dans les bons résultats du club, est ravi de cette décision.

Sadio se sent bien dans le sud de l'Angleterre. Son cercle d'amis s'est élargi, et la solitude ressentie à son arrivée n'est plus qu'un lointain souvenir. Son ami Luc est également souvent présent, bien entendu, tout comme Moussa, un natif du village. Son ancien voisin de Bambali. Ils ont grandi, joué au foot ensemble et fréquenté les mêmes écoles primaires et secondaires. Un proche sur qui il peut compter à tout moment, dans les bons comme dans les mauvais moments.

La saison 2015-2016 est une confirmation de son talent et de sa régularité. Les performances sont excellentes, et son temps de jeu incroyable. Plus de 3000 minutes passées sur les rectangles verts des stades anglais. Sadio n'est jamais blessé, le dur travail effectué régulièrement avec Fabien Richard porte ses fruits. Avec 15 buts et 9 passes décisives en 43 matchs, il attise l'intérêt de nombreux clubs. Le préparateur physique a raison, le top 5 anglais est bien toc bien à la porte des dirigeants de Southampton.

IX. Les Reds plutôt que les Devils

Après deux années convaincantes passées dans le cocon des Saints, il est grand temps pour Sadio de savoir ce qu'il vaut au parmi les meilleurs. L'écart de talents entre un club de bon niveau comme Southampton et un cador européen est abyssal. L'exigence est quotidienne, les entraînements sont d'une intensité technique incroyable, et la concurrence féroce. Ces qualités essentielles, le sénégalais semble déjà les posséder. Mais est-il capable de les démontrer au sein d'un groupe composé uniquement ou presque de joueurs internationaux ?

Si la concurrence est impitoyable au sein de ce type d'effectif, elle l'est tout autant sur le marché des transferts. Manchester revient une nouvelle fois à la charge pour sonder l'entourage du sénégalais. Son rival Liverpool est aussi sur les rangs, tout comme les clubs londoniens de Tottenham et Chelsea. Tous les projets sont étudiés, mais Liverpool a un temps d'avance. On peut même dire que Liverpool à deux ans d'avance En effet, le club de la Mersey a nommé, en octobre 2015, le technicien allemand Jurgen Klopp. Celui-là même qui a reçu Sadio et son entourage en 2014, afin d'attirer le sénégalais à Dortmund. La qualité de leurs échanges avait séduit. Mais le transfert n'avait pu aboutir. Cette fois, Klopp a les moyens de ses ambitions et le transfert rapidement officialisé, le 28 juin.

Ce transfert confirme par ailleurs, définitivement, la mise à l'écart de l'avocat, Maître Kamara. Mais il signe aussi le début de la collaboration entre le journaliste Bacary Cissé et Bjorn Bezemer, l'agent de Sadio. Kamara et Cissé se connaissent de longue date. Avant que Sadio ne soit la star qu'il est devenu, et à force de rencontres, il a été mis en relation avec le journaliste en herbe, alors stagiaire. C'est ce dernier qui présenta l'avocat au jeune joueur. Afin de lui rendre la pareille, Maître Kamara aurait proposé à Bjorn d'intégrer Cissé à la négociation du contrat avec Liverpool. Un accord aurait été scellé entre les trois parties. Cependant, l'agent allemand se serait attelé à appliquer la fameuse devise « diviser pour régner ». Bjorn aurait proposé au journaliste Bacary Cissé d'écarter Maître Kamara. Une commission partagée en deux est toujours plus lucrative que lorsque celle-ci est divisée en trois parts. Il faut maintenant empêcher l'avocat et le joueur de communiquer. Le nouveau duo s'arrange pour que leur joueur change de téléphone et de numéro. Les contacts et l'entourage du joueur sont dorénavant maîtrisés, et il est plus difficile de solliciter directement le joueur.

Dans le monde du football, la concurrence se joue à tous les niveaux, peu importante les liens d'amitié et de confiance. L'argent est un bon serviteur et un mauvais maître. Pour la morale, on repassera.

X. La divine idylle

« Un simple coup d'œil jeté sur le blason du Liverpool Football Club suffit pour entrevoir l'âme de ce club mythique » disait le journaliste Gauthier de Hoÿm de Marien, dans son ouvrage 100 clubs de foot de Légende publié aux éditions hachette. L'emblème de la ville et du club, le Liver bird, une créature mi-pélican, mi-aigle, est le symbole de la ville depuis le XIVe siècle. Il trône fièrement au milieu de l'écusson du club de la Mersey, sous la devise du club, la mythique "You'll never walk alone", Tu ne marcheras jamais seul. Un véritable hymne au football, à la symbiose parfaite entre les supporters et leur équipe. Lorsque l'on entend les supporters de Liverpool entonner à l'unisson cet hymne, on ne peut rester indifférent. L'admiration gagne les 54 074 âmes présentes dans les travées du stade d'Anfield, les frissons sont inévitables dans l'antre du club.

A l'instar de la plupart des grandes villes du Nord de l'Angleterre, Liverpool n'est pas une ville particulièrement attirante. Ce n'est pas dans son climat pluvieux, sa grisaille, ses journées venteuses, et ses ruelles sombres que la cité trouve son bonheur. Celui-ci est plutôt à trouver du côté du sport et de la musique. Plus précisément avec ses deux équipes de football professionnelles, Liverpool et Everton, ainsi que ses légendaires Beatles. Ces étendards ont grandement contribué à la notoriété de la ville.

Malgré son immense popularité depuis de nombreuses décennies, le Liverpool FC n'a jamais été particulièrement constant dans ses résultats sportifs. Après avoir décroché son quatrième titre de champion d'Angleterre en 1947, le club est entré dans une période de médiocrité qui a trouvé son point d'orgue lors de sa relégation en deuxième division, en 1954. L'histoire a toutefois repris une tournure plus positive avec l'arrivée de Bill Shankly, embauché comme manager de 1959 à 1974. La première mesure du coach a été de renouveler l'effectif. Il a également changé l'identité visuelle du club, et fait du rouge, la couleur unique de la tunique du club, au détriment du blanc qui lui était auparavant associé. Bien lui en a pris car quelques temps après, sur le banc des « Reds », les méthodes peu orthodoxes du coach ont porté leurs fruits en redonnant au club de sa superbe. Quand L'Ecossais a pris les commandes du club, il s'est annoncé comme étant capable de « rendre les gens heureux ». Contrat rempli. En témoigne sa popularité toujours intense dans le cœur des supporters. En l'espace de quinze ans, il a fait passer le LFC de la deuxième division au titre de champion d'Angleterre en 1964, 1966 et 1973, avant de lui offrir son premier trophée Européen, la Coupe de l'UEFA, en 1973. Le mariage entre Shankly et le club est définitivement scellé dans le temps par la pose d'une statue de l'entraîneur à Anfield, le stade des Reds. Peu de clubs peuvent se targuer d'avoir autant marqué l'Histoire du football que le Liverpool FC.

C'est dans ce club mythique, qui a un peu perdu de sa superbe depuis le départ de Gérard Houllier, qu'arrive Sadio Mané. La dernière victoire du club en ligue des champions remonte en 2005, tandis que la « Premier league » lui échappe depuis 1990. Une nouvelle dimension et de nouveaux défis s'ouvrent à lui. Avant Mané, deux autres sénégalais ont évolué à Liverpool, El Hadj Diouf (2002-2005) et Salif Diao (2002-2007).

Sadio, malgré sa très belle saison à Southampton, et un transfert estimé à plus de 35 M€, ne vient pas d'un club membre du « big five » anglais ou d'un grand club européen. Son arrivée est donc empreinte d'humilité, au sein d'un vestiaire déjà bien fourni en stars. Philippe Coutinho et Roberto Firmino sont les deux leaders techniques de l'équipe.

Jürgen Klopp positionne le sénégalais sur l'aile droite de son dispositif. Rapidement, Sadio fait montre rapidement de son talent. Dès le 14 août, pour le choc de cette première journée de championnat, Arsenal reçoit Liverpool. Les Reds sont au-dessus de leur adversaire du jour. A la 63ème minute, Sadio reçoit le ballon sur le côté droit, il fixe ses deux adversaires, déborde Calum Chambers, qui tente de l'accrocher tant bien que mal, dribble Nacho Monreal d'un extérieur du gauche, repique dans l'axe de la surface de réparation et trompe Petr Cech d'une magnifique frappe du gauche. Un bijou que les supporters de Liverpool gardent encore en mémoire. Klopp, aux anges. Sadio saute sur le dos de son entraîneur pour célébrer avec lui ce but magnifique. Nianthio enchaîne les performances.

Il devient un élément incontournable dans ce dispositif rodé. Il se sent à sa place à Liverpool, et son adaptation est encore plus rapide qu'à Southampton. Sa première partie de saison est satisfaisante, sa seule absence, en raison d'une blessure à l'épaule, est synonyme de défaite pour les Reds, 2 à 0 lors d'un déplacement à Burney. Les statistiques de l'ancien pensionnaire de Génération Foot sont incroyables, il enchaîne dix-huit titularisations et ne sera quasiment jamais remplacé. Sa fin de saison est malheureusement gâchée lors du derby de la Mersey, face au rival d'Everton. Auteur du premier but de la partie à la 8e minute, Sadio se blesse au ménisque gauche, dans un choc avec Leigthon Baines. S'il réussit à sortir en marchant mais en boitant bas, les images du choc sont terribles. Il est opéré du genou quelques jours plus tard, sa saison est terminée. Si Sarah n'est plus là, il reste entouré de ses proches, et peut compter notamment sur le soutien de son ami Désiré pour garder son moral au beau fixe. Sadio est également épaulé par Peter, un employé mis à son service par le club, pour l'aider dans ses tâches quotidiennes. Depuis son arrivée au club, Peter est chargé de faciliter sa vie au quotidien, de s'occuper du moindre détail pratique de la vie du joueur, notamment en ce qui concerne l'organisation de sa maison. Un véritable maître de maison. Peter assure également la réception des invités du sénégalais, de l'aéroport jusqu'à leur installation au sein de son domicile. Les nombreux tickets que Sadio n'hésite pas à réserver à ses amis et ses fans les plus proches, sont également distribués par Peter. Malheureusement, en conséquence d'un vol commis dans la résidence de Sadio, Peter sera par la suite congédié. Quelques proches du joueur l'auraient désigné comme principal complice de ce vol, ajoutant qu'il serait aussi, peut-être, à l'origine de certaines fuites dans la presse. Vrai ou faux ? En tout cas, cette situation a rendu les relations froides entre le Sénégalais et son fidèle employé Anglais. Sadio sera contraint de se séparer de Peter et de ses services, après plusieurs années de bons et loyaux services.

Dès l'autorisation du staff médical, Sadio s'affaire à préparer son retour en forme pour la saison prochaine. Car cette nouvelle saison s'annonce prometteuse du côté de Liverpool qui vient d'attirer, le 22 juin, l'égyptien Mohamed Salah. Lui qui n'a pas laissé un souvenir impérissable en Premier League après un passage raté chez les Blues de Chelsea revient en véritable star. Le joueur dépose ses valises au bord de la Mersey, en provenance de la Roma, pour un peu plus de 40 M€. Liverpool s'offre ainsi avec Firmino, Sadio et Salah un trio d'attaque de rêve.

Sadio Mané, lui, n'est ni un buteur né, ni un joueur de statistiques. Il est le déclencheur de nombreuses offensives, à la fois grâce à sa vitesse mais aussi par sa percussion et son intelligence de jeu. Il est la pierre angulaire de l'attaque des Reds. Mais son apport, essentiel, se mesure sur à l'aune de son influence sur la cohésion collective de son équipe. Surtout lorsque trois génies du ballon rond se retrouvent dans la même équipe. Si Firmino œuvre lui aussi un peu plus pour le collectif, Mohamed Salah est plus un soliste qui apporte son génie technique à l'équipe. L'apport de

Sadio est donc plus multidimensionnel, du fait de son apport aux tâches défensives. Peu d'ailiers de classe mondiale s'efforcent d'effectuer cet effort défensif, préfèrent garder leur énergie pour la prochaine offensive à venir. Sadio pense "collectif et équilibre", plutôt qu'à ses statistiques individuelles. Le trio fait connaissance et s'apprivoise pendant une année. Salah termine meilleur buteur de Premier League avec 32 réalisations mais l'équilibre collectif, encore en rodage, n'est pas suffisant pour empêcher Manchester City de rouler sur ses adversaires en championnat. Le club de Pep Guardiola termine l'exercice à la première place du classement, avec une avance considérable de 19 points sur son dauphin. Une domination sans partage. Les Reds trouvent, quant à eux, une maigre consolation avec une finale de Ligue des Champions perdue face au Real Madrid, malgré un but de sa star sénégalaise. La saison est terminée. Sadio a tout donné, il a travaillé sans relâche tout au long de l'année pour être performant, tant lors des entraînements collectifs qu'individuellement. Ces échecs ne font que renforcer son envie de gagner. Il le sait, sa méthode de travail va forcément porter ses fruits. Il continue de compter sur son ami Ella, qui, devant sa télé, avec son carnet et son stylo continue sans cesse de prendre ses notes, lui qui ne veut rien rater du moindre détail de chacun des matchs du sénégalais. Ensuite les deux amis vont s'appeler, et comme d'habitude, faire un bilan de la performance du joueur des Reds. Et lorsque Rasta est en congés pour quelques jours, il rend visite à Sadio, à Liverpool. Ces jours de vacances n'en sont pas vraiment, car une fois à Liverpool, il se transforme en préparateur physique pour travailler avec Sadio. Certaines séances ne peuvent être faites seule et les deux amis travaillent parfois dur, très dur, parfois jusqu'à trois heures du matin. Et quand le temps le permet, les exercices se terminent dans le jardin de l'international Sénégalais. Sadio a trouvé son équilibre personnel. Au tour de son équipe de maintenant trouver le sien.

Cet équilibre, Liverpool va le trouver lors de l'intersaison, avec les arrivées essentielles de deux joueurs brésiliens. Un gardien de haut niveau, Alison, et le milieu de terrain monégasque, Fabinho. Tout ou presque sourit aux Reds en cette saison 2018-2019. Le trio fait des merveilles. Le natif de Bambali, qui a récupéré le numéro 10 libéré à la suite du départ de Coutihno, et son coéquipier égyptien, Mohamed Salah terminent co-meilleurs buteurs du championnat anglais avec 22 réalisations, en compagnie du gunners d'Arsenal, le Gabonais Pierre-Emerick Aubameyang. City domine toujours le championnat, mais Liverpool a fortement réduit l'écart et ne termine qu'à un petit point du champion.

Mais cette fois, les Reds ont de quoi se réconforter. Une victoire en Ligue des champions s'ajoute à la liste des trophées du club. A Madrid, contre Tottenham, sur un score de 2-0.

Sur le plan footballistique, Sadio est comblé. Néanmoins, l'une des images de cette saison n'est pas footballistique. Elle est sans conteste celle de Sadio, tuyau en main, en train de nettoyer les toilettes de la mosquée Al-Rahma. Cette mosquée, il la fréquente régulièrement depuis qu'il est à Liverpool. Dès qu'il le peut, en toute humilité, il se mélange aux fidèles pour effectuer l'une des cinq prières journalières qu'il effectue. Il aime s'y rendre pour discuter plus profondément de sa foi avec l'imam, à la fin des prêches. Cette photo prise en novembre, et diffusée contre le consentement du sénégalais prouve là son attitude humble et respectueuse. Ce geste, Sadio le fait simplement pour venir en aide à l'un de ses amis Ghanéen qu'il vient d'inviter à prendre l'Ataya à son domicile. Il ne veut ni faire de prosélytisme, et vanter les préceptes de sa religion, ni améliorer son image. Pour lui, quoi de plus logique, comme le commun des mortels, d'aider simplement un ami dans ses tâches, pour lui faire gagner du temps. Pour une célébrité aux revenus faramineux, ce geste ne coule pourtant plus toujours de source. Mais Sadio sait rester modeste et respectueux, comme il l'a toujours été.

Il n'en reste pas moins que l'éloignement de son Sénégal natal est parfois difficile à vivre. Pour combler ce manque, il peut compter sur son ami Moussa. Ce dernier l'accompagne en vacances, chaque année, à Majorque en Espagne. Moussa, c'est l'ami mais aussi quelqu'un qui le console dans les moments difficiles. Il est le confident qui comble l'angoisse de l'exil, facilite la résistance face à la grisaille de Liverpool. Moussa sait comment rebooster son ami, il sait comment l'aider quand il a le blues. Issu de la même culture mandingue que Sadio, Moussa n'hésite pas à mettre la musique de Fafadi, de l'Ucas Band de Sédhiou (chanteurs originaires de la région de Casamance) pour faire danser Sadio dans son salon après une journée d'entraînement difficile.

Grâce à Moussa, Sadio arrive à oublier tant soit peu la distance entre Liverpool et le Sénégal, à enterrer ses problèmes, à gérer la pression professionnelle, sociale et familiale. Les deux amis parlent le plus souvent en mandingue, discutent de leurs souvenirs d'enfance au village, de leurs premiers amours, de leurs premières bêtises en commun. Moussa est un véritable sas de décompression pour son ami. Cependant, l'heure des vacances n'est pas encore arrivée, à l'aube de cet été 2019. Moussa attendra.

En effet, un autre défi attend déjà le sénégalais. La CAN 2019 se joue en Algérie, et cette fois, ce n'est pas le peuple de Liverpool que Sadio doit contenter, mais celui de tout un pays. Tous les Sénégalais espèrent enfin une victoire dans ce championnat d'Afrique, qui se refuse depuis toujours au Sénégal. Sadio et ses coéquipiers parviennent bien en finale, mais ils doivent s'incliner face au pays hôte. Le gardien algérien, Raïs M'Bolhi parvient à repousser les nombreuses tentatives des lions de la Teranga, et est désigné joueur du match. Une fin cruelle, mais c'est la dure loi du sport.

Ce 19 juillet marque la fin d'une saison sportive éprouvante, commencée officiellement il y a quasiment un an. Les chiffres sont faramineux, avec plus de 60 matchs joués et plus de 5000 minutes de temps passé sur le terrain. Mais loin d'avoir envie de se reposer, Sadio a envie de partager, de remercier. Aussi, il n'hésite pas, dès fin juillet, à visiter, dans son village de Bambali, le chantier d'une école qu'il a en grande partie financée. Un projet fort qui lui tient à cœur depuis longtemps.

Rendre à sa communauté ce que cette dernière lui a apporté lorsqu'il était plus jeune.

XI. Le bienfaiteur de Bambali

L'enfant de Bambali reçoit les remerciements de toute sa communauté, pour sa générosité. La construction de cette école est une bénédiction pour toute la région de Bambali. L'international sénégalais a déboursé une enveloppe de 152 millions de francs CFA (270.000 euros) pour cet établissement doté d'un complexe sportif et d'une bibliothèque. Ce geste philanthropique est très apprécié par les habitants de Bambali, où plus de 60% de la population vit sous le seuil de pauvreté.

« C'est un geste louable, et nous n'avons pas les mots exacts pour dire à quel point nous l'apprécions, je ne peux pas le nier, je me souviens très bien à quel point les conditions étaient difficiles quand j'ai commencé à travailler ici. Alors que quelqu'un vienne ici pour me dire que tout un lycée va être construit et équipé… rien qu'à voir le début du bâtiment, je n'ai vraiment pas de mots pour te dire la joie que je ressens aujourd'hui de voir lycée complètement achevé », apprécie Ousmane Mané, directeur de l'école de Bambali.

Mais ce n'est pas la première fois que Sadio vient en aide à sa région. L'international sénégalais a participé, par ses actions et son financement, à la construction d'un hôpital. Un geste bien entendu apprécié à sa juste valeur par les habitants de Bambali et de tous les villages environnants, qui, au-delà du joueur, saluent l'humilité et le bon cœur de leur bienfaiteur. Les populations de ces petits villages, situés à une quinzaine de kilomètres au sud-est de Sédhiou, n'auront plus besoin de se déplacer pour aller se faire soigner dans les grandes villes de Kolda et Ziguinchor. Cet hôpital leur a permis de se soigner sans effectuer de longs périples de plusieurs kilomètres. D'autres projets sont en cours, notamment la construction d'un terrain de foot, d'une station d'essence, et l'électrification du village.

Sadio Mané investit. Souvent pour sa région tout entière, et toujours pour la jeunesse qui la compose. La jeunesse a besoin de moyens. Il décide ainsi que les meilleurs élèves du lycée de Bambali recevront chacun un ordinateur et une bourse scolaire. Il ne connaît que trop les difficultés que vivent ces enfants de Bambali, lui qui travaillait dans les champs pour aider économiquement ses parents. La réalité de la pauvreté de cette région est bien trop prégnante dans son esprit. Sadio l'a surmontée par sa motivation, son travail au quotidien et son talent inné de footballeur. Mais son histoire est exceptionnelle, et il a bien conscience que tout le monde ne peut suivre ce chemin extraordinaire qui l'a conduit au sommet du football mondial. L'éducation est un facteur essentiel et déterminant pour que tous les plus jeunes puissent atteindre leurs objectifs, leurs rêves, et il en a conscience. Le sport ne peut et ne doit pas être l'unique moyen de s'élever au sein de la société. L'école doit être ce moyen privilégié.

Il est important de signaler que l'ailier sénégalais ne finance pas ces projets par le biais d'une fondation lui permettant de lever des fonds ou de bénéficier de quelconques avantages fiscaux. Il fait de simples donations ou paie directement les prestataires en charge des travaux. Il est l'un des seuls sportifs au monde à agir ainsi, sans arrière-pensée, sans optimisation fiscale de ses revenus. On peut bien entendu saluer les actions sociales des sportifs à travers les continents, mais le dévouement et l'investissement de l'enfant de Bambali, aussi bien en argent qu'en temps n'a quasiment aucun égal.

XII. Le couronnement

Cette popularité, Sadio la vit tant au Sénégal que dans le monde entier, et plus particulièrement en Angleterre. La saison 2019-2020 se déroule à merveille pour Liverpool et ses stars. Le club est sacré Champion d'Angleterre, enfin ! Trente longues années après leur dernier titre, les Reds trônent enfin sur le siège du Champion. Sadio est couronné d'une distinction individuelle qui démontre tout le respect et l'admiration que lui vouent les admirateurs du ballon rond. En effet, il est élu meilleur joueur de la saison par les fans, dans le cadre d'un vote organisé par l'Association des Footballeurs Professionnels (AFP).

Auparavant, en 2018, en récompense de ses performances et en guise de confiance, Liverpool lui donnait la possibilité de porter le numéro 10. Mais il ne s'agit là que d'une reconnaissance symbolique car Sadio n'était, à ce moment pas encore la star, ni le joueur confirmé qu'il est devenu. De ce statut de star, Sadio n'en profite pas réellement au sein du club. Il jouit certes de revenus confortables, mais n'est que le neuvième salaire de l'équipe et gagne quasiment deux fois moins que ses coéquipiers Salah, Firmino ou Thiago Alcantara. De plus, il ne fait, étrangement, pas partie des fers de lance de la communication du club. Il est fréquent d'apercevoir, au contraire, l'ailier droit égyptien Salah et le défenseur central néerlandais Van Dijk, au premier plan de toutes les affiches promotionnelles. Heureusement, Sadio n'en a cure, il privilégie le terrain, les performances collectives et les titres. Sur ces dernières années, il peut se targuer d'avoir des résultats qui comptent pour lui, pour l'histoire de ses clubs, et du football. Deux titres de champion avec le RB Salzbourg, assortis de deux coupes d'Autriche. Un titre de champion d'Angleterre, une Ligue des Champions, une Supercoupe d'Europe et une coupe du Monde des clubs avec Liverpool. Avec ces résultats, Sadio gagne naturellement le cœur des fans de Liverpool qui lui dédient deux chansons :

La première est interprétée peu avant la finale de la Ligue des Champions 2019, qui sera jouée à Madrid, sur l'air du populaire groupe suédois ABBA, et de sa chanson "Voulez-vous" :

"Sadiooo Mané !
Running down the wing, Mané !
Hear the Kopites sing, Mané !
We're all going to Madrid."

"Sadiooo Mané !
Cavalent sur son côté, Mané !
Entends tes fans, Mané !
Nous allons tous à Madrid."

La seconde est scandée lors des matchs de premier league, toujours sur la mélodie d'un titre d'ABBA et son légendaire “Money, Money” :

> “Mané, Mané, Mané, Sadio Mané, he plays for Liverpool.
>
> Mané, Mané, Mané, Sadio Mané, he plays for Liverpool.
>
> Ah ha aaa, all the things he can do.
>
> We have Sadio Mane Mane, he plays for Liverpool.”

> “Mané, Mané, Mané, Sadio Mané, il joue pour Liverpool.
>
> Mané, Mané, Mané, Sadio Mané, il joue pour Liverpool.
>
> Ah ha aaa, toutes ces choses qu'il peut faire !
>
> Nous avons Sadio Mané Mané, il joue pour Liverpool.”

Sadio a gagné le cœur des fans de Liverpool et la vente de ses maillots est un des indicateurs qui permet de mesurer cet affect. En témoignent ces queues interminables des supporters, devant la boutique officielle d'Anfield, pour disposer de son maillot qui, avec celui de Mo Salah, sont les plus vendus par le club. Le maillot du numéro 10 est souvent en rupture de stock, notamment les soirs de grands matchs, au grand dam des fans à arrivés trop tard.

Et ce ne sont pas les résultats du club, lors de la saison 2020-2021, qui vont ternir son image. Les Fans des Reds ne tiennent pas rigueur au sénégalais de ses performances en dents de scie, de cette correcte 3ème place en championnat, ni de l'élimination précoce en Ligue des Champions, face à la bête noire du club, le Real Madrid.

S'il est si populaire, c'est que Sadio rend bien aux supporters de Liverpool cet amour que ces derniers lui témoignent. L'enfant de Bambali est l'un des rares joueurs si ce n'est le seul, à s'arrêter, toujours ou presque, à la sortie du stade d'Anfield, afin de signer des autographes et prendre des photos avec les supporters présents. Une juste récompense pour ceux qui doivent pourtant, fréquemment, braver la pluie si souvent présente dans cette région du nord de l'Angleterre. Si cette générosité fait le bonheur des fans, ce n'est pas le cas pour le service de sécurité du club, ni pour les usagers qui passent devant l'entrée du stade ou encore les agents de nettoyage qui travaillent pour la commune d'Anfield. En effet, Sadio Mané, sans le vouloir, crée un embouteillage à chaque fois qu'il s'arrête pour faire plaisir aux supporters. Il est souvent verbalisé par la municipalité mais préfère payer les contraventions et continuer de faire plaisir aux très nombreux fans. Pour lui, le respect des fans a bien plus de valeur que l'argent. Plus tard, la municipalité de la ville d'Anfield et Sadio s'entendront et trouveront une solution afin d'éviter les bouchons. Sadio continuera de signer des autographes, l'enfant de Bambali stationnera dorénavant quelques mètres plus loin de la sortie du stade pour satisfaire ses fans. Cet attachement, entre l'ailier sénégalais et ses fans est fort, indéfectible.

XIII. Formby

De mémoire de « bambalois », jamais un enfant du pays ne s'était autant attaché à une autre terre que Bambali.

Car l'histoire d'amour entre Sadio Mané et Liverpool ne se limite pas au football. Le Ballon d'or africain aime la ville, sa région et son style de vie. C'est donc naturellement que l'enfant de Bambali a posé ses valises à Formby, une petite ville côtière située à une vingtaine de kilomètres au nord de Liverpool. Sadio Mané est propriétaire d'une maison, achetée en 2019, où il vit tranquillement depuis maintenant trois ans. Contrairement à beaucoup de joueurs qui préfèrent, quant à eux, louer leur maison, en raison de l'aspect éphémère dont est empreint le monde du football. Un transfert peut arriver à tout moment, et il est rare qu'un joueur puisse se poser sereinement, pour plusieurs saisons, au sein d'un même club.

En achetant sa maison à Formby, Sadio Mané démontre ainsi un certain attachement à Liverpool. Mais il achète également la tranquillité dont jouit cette petite bourgade.

Avec ses plages, ses dunes et ses vallées verdoyantes, la ville bénéficie du charme discret de ces lieux qui n'apparaissent pourtant pas forcément dans les guides touristiques. Une banlieue paisible et aisée, en bord de mer, très prisée des grandes fortunes de la région.

Pour relier Liverpool à Formby, un trajet en train, en empruntant le Merseyrail, le train régional, prend généralement une trentaine de minutes. Mais bien entendu, Sadio parcourt cette distance plus rapidement en voiture, au volant de sa Bentley ou de sa Mercedes G63. Vitres teintées relevées, on pourrait le confondre aisément avec Allison, son coéquipier. Le gardien brésilien partage non seulement la même marque de voiture que le numéro 10 des Reds, mais aussi le même lieu de vie, tout comme son autre coéquipier Fabinho, voisin le plus proche du sénégalais. Depuis quelques années, Formby abrite en effet de très nombreuses stars du FC Liverpool, dont l'entraîneur Jürgen Klopp, ainsi que celles de son rival Everton, au sein d'un quartier luxueux, presque privatisé. D'anciennes gloires des reds, comme Steven Gerrard vivent également dans cette zone bien sécurisée et luxueuse. Ici, les caprices des stars ne font pas toujours le bonheur des autres. La cohabitation entre les habitants est parfois difficile tant les travaux d'aménagement de ces résidences luxueuses troublent parfois le calme du voisinage. Avant d'acquérir cette villa, Sadio Mané louait une autre résidence située à quelques kilomètres seulement. Une villa autrefois occupée par un autre footballeur, Fernando Torres, ancien joueur des Reds et international Espagnol. Avec ses villas, ses piscines et son terrain de golf, les joueurs trouvent le lieu idyllique leur permettant d'évacuer le stress et la fatigue inhérents à leur vie de sportif de haut niveau.

La vaste propriété, avec sa villa cossue à la façade en briques rouges, est bordée de haies bien taillées. Sadio

Mané peut profiter d'un grand jardin entouré d'une terrasse en bois, et même d'un terrain de football. A l'intérieur, la villa possède 5 grandes chambres, et bien entendu, une salle de sport équipée de machines perfectionnées. De nombreuses fenêtres permettent à la lumière du jour de venir illuminer intensément les différentes pièces de la maison. Notamment la grande cuisine ouverte, composée d'un imposant îlot central qui fait également office de bar. Un bar à thé, bien évidemment. C'est ici que Sadio aime préparer, pour lui et ses invités, sa boisson préférée, le thé "à la sénégalaise", le fameux "ataya". En face de la cuisine se trouvent une salle à manger et un grand salon. C'est dans cette pièce que Sadio Mané expose ses trophées et récompenses personnels. Sur le mur est accrochée une photo grand format. On y voit le joueur portant le maillot du Sénégal, la main sur le cœur. Sur les étagères, sont notamment disposés ses ballons africain 2019 et 2022 et son titre de meilleur joueur de la CAN 2022, remporté lors de la saison 2021-2022. Sadio est, en effet, enfin champion d'Afrique. S'il est heureux de cette victoire sur le plan individuel, il est surtout fier d'avoir enfin apporté ce titre à son pays tout entier et au peuple Sénégalais.

Mais au-delà du football, s'il est une récompense individuelle qui le ravit réellement, c'est le prix Socrates. Ce prix est sans aucun doute sa plus grande satisfaction. Ce trophée, attribué pour la première fois à Paris, lors de la 66e cérémonie du ballon d'or France Football, le 17 octobre 2022 vient récompenser les footballeurs et footballeuses pour leurs engagements dans des projets sociétaux et caritatifs. Cette récompense, Sadio la chérit non pour ce qu'elle aurait pu apporter à son égo, mais plutôt parce qu'elle met en exergue l'importance des moyens manquants, et tout ce qu'il reste au monde entier à apporter à son pays et à son continent pour leur permettre de se développer.

Loin de ces considérations, et bien que luxueuse, Formby fait néanmoins partie de ces communes aisées sans ostentation. Dès qu'il le peut, la star sénégalaise convie ses coéquipiers. Naby Keita ou Wijnaldum, dont il est très proche, ont passé de longs moments de partage dans cette villa. Et lorsqu'ils ne sont pas en vacances, parfois tous ensemble aux quatre coins du monde, les "cadres" de l'équipe du Sénégal aiment à retrouver souvent chez Sadio Mané. Kalidou Koulibaly, Cheikhou Kouyaté et Gana Gueye y ont leurs habitudes. Tout comme d'anciennes gloires du football sénégalais, à l'image d'Omar Daf, lui aussi proche du Nianthio. Sa maison est comme une seconde tanière. Une sorte de "grande place", où l'on se réunit, souvent autour d'une séance d'ataya.

Posté derrière l'îlot central de sa cuisine, une petite théière dans une main, un verre de thé dans l'autre, Sadio Mané s'occupe de la préparation du thé dont il est le préposé. La préparation de l'ataya est simple, pour celui qui en est habitué. De l'eau, du thé vert warga, du sucre et quelques feuilles de menthe nanah. Sa dégustation est toujours accompagnée de longues discussions. A Formby, Dakar ou Bambali, le rituel est toujours le même. Sadio Mané laisse d'abord infuser les feuilles de menthe dans un peu d'eau et beaucoup de sucre. Il incorpore ensuite le thé et veille constamment à retirer la théière du feu dès que l'eau commence à frémir. S'ensuit une petite danse des bras pour bien mélanger le breuvage dans la théière. Il sert ensuite ses convives en soulevant la théière, de bas en haut, sans jamais renverser la moindre goutte de thé à côté. Le but de ce procédé technique est surtout d'obtenir une belle mousse. Et tout cela, bien entendu, en prenant soin de participer aux débats, parfois très animés, avec les invités venus lui rendre visite. Ce thé à la menthe est fréquemment servi en trois 3 tournées, lors desquelles du sucre et de la menthe sont ajoutés. Le préposé au thé attend que les verres soient vidés pour les rincer et les remplir à nouveau. Le service dure généralement une à deux heures et est servi souvent après le repas, de quoi prolonger les discussions. Ce “sens de l'hospitalité”, la fameuse Téranga, est chère aux sénégalais, et Sadio aime fait honneur à cette tradition du partage. Cette hospitalité et ce sens de l'accueil, Sadio l'a souvent ressenti, jusqu'à présent en Angleterre, autre pays du thé. Une idylle éternelle ?

XIV. Mané et Liverpool, clash de fin !

Ce 27 février 2022, Wembley offre une publicité formidable pour le football. La finale de la Coupe de la Ligue anglaise voit Liverpool remporter un nouveau trophée aux dépens de Chelsea. Un spectacle de plus de deux heures et une cruelle séance de tirs au but pour désigner son vainqueur.

Mais une image marque de nombreux observateurs, celle de la sortie de Sadio Mané, pourtant plutôt en jambes dans ce match, remplacé par Diogo Jota à la 80e minute de jeu. Contrairement à son coup de colère, lors du match de championnat opposant Liverpool à Burnley en août 2019, le Sénégalais sort cette fois sans faire d'esclandre. Il est vrai qu'à cette époque, la vive sortie du sénégalais avait défrayé la chronique, tant le sénégalais était sorti fou de rage contre la décision de son entraîneur, pointant également du doigt l'égoïsme de son coéquipier égyptien Mo Salah, qui avait préféré plus tôt, tenter une frappe difficile au lieu de privilégier une passe et l'efficacité collective. Une sortie "en douceur", mais on pouvait néanmoins lire le visage du numéro 10, un mélange de déception, d'agacement, voire un peu de tristesse.

La déception, d'abord, comme tout joueur compétitif remplacé par son entraîneur lors d'un match important.

Sortie d'autant plus surprenante que Mané venait de distribuer une passe décisive, bien que but soit annulé ensuite par la VAR, et ne semblait pas émoussé physiquement.

L'agacement ensuite, car ses sorties en cours de match sont de plus en plus récurrentes. Le sénégalais fait souvent, le premier, les frais de la nouvelle concurrence qui s'installe chez les Reds et l'épisode de Burnley constitue une parfaite illustration de cet agacement qui semble durer, depuis quelques mois déjà.

La tristesse, surtout. Et c'est bien là le plus surprenant. Sadio Mané semble traîner un récent spleen depuis son retour victorieux de la CAN, alors que sa victoire aurait dû lui donner des ailes et le sourire pour la fin de saison.

Les origines de ce mal être semblent puiser leurs sources dans plusieurs facteurs. L'un des premiers éléments déclencheurs, outre l'égoïsme régulier de Mohamed Salah, se situe fin janvier. Alors que le sénégalais évolue avec sa sélection, Liverpool profite des dernières heures du mercato pour s'attacher les services de Luis Diaz, lui aussi ailier gauche. Un premier signe qui montre que les Reds pensent déjà à l'après Mané. Si, bien entendu, la cohérence sportive du club est à souligner, le timing est en revanche bien plus contestable. En effet, Sadio Mané, avant de partir jouer la CAN, avait eu l'assurance que son club n'allait plus recruter lors de ce mercato hivernal. C'est donc bien une première trahison qu'a pu ressentir le joueur, de la part de sa direction.

Un autre événement, ou plutôt non-événement semble jouer également sur le moral en berne du champion d'Afrique. Auréolé de sa victoire avec le Sénégal, aucune célébration officielle n'a pourtant été mise en place par le club afin de célébrer son nouveau champion d'Afrique. Il est faux de dire que Mané ne s'est jamais prononcé pour ou contre une telle cérémonie. La direction de Liverpool n'aurait même pas dû attendre l'aval de Sadio pour lui rendre cet hommage mérité. Certains proches du meilleur joueur de la CAN ont affirmé qu'au contraire, le natif de Bambali aurait voulu avoir cette reconnaissance comme tous ses coéquipiers de l'équipe nationale. Des joueurs de la sélection nationale du Sénégal, loin d'être titulaires dans leur club, ont été dignement célébrés. De nombreuses vidéos ont été diffusées dans les médias sportifs et ont circulé sur les réseaux sociaux. Liverpool a choisi de rester muet sur ce sujet. Selon les rumeurs, il s'agissait de ne pas froisser l'autre star du club, Salah, défait en finale de la CAN par Sadio. L'inaction du club est considérée par beaucoup d'observateurs comme un manque de respect. Les dirigeants ont voulu par la suite rattraper cette erreur de communication. La proposition d'une standing ovation lors de la réception pour le dernier match de championnat a été froidement déclinée par Sadio Mané.

Bien plus que l'erreur de reconnaissance commise par son club, force est de constater également le manque de soutien probant de la part de son entourage dans cette affaire. En effet, les agents en charge des affaires de Sadio Mané, pourtant influents en Angleterre, ne semblent pas avoir poussé Liverpool à organiser un tel événement festif. Malheureusement, ce n'est pas la première fois que des interrogations sur les capacités de ses agents à faire respecter le sénégalais dans son club sont émises. Pour preuve, et même si Sadio Mané n'en fait pas une affaire majeure, son salaire reste nettement inférieur à celui de Mo Salah quand bien même les deux stars brillent sur le terrain et jouissent d'une même aura auprès de leurs supporters.

Bien que coéquipiers, le duo Salah/Mané a souvent été évoqué en termes de duel. Le buteur soliste face à l'ailier explosif. Mais cette fois, ce n'est pas l'aspect sportif qui prime. La considération économique joue un rôle majeur quant à l'orientation stratégique du club pour la saison suivante, et les fins de contrats de Mané et Salah sont une épine dans le pied de Liverpool et Jürgen Klopp. Il est en effet compliqué financièrement pour le club de prolonger ses deux stars et l'entraîneur allemand doit cette fois sacrifier l'un de ses deux éléments clés. Stratégiquement et financièrement, il est malheureusement plus rentable de conserver l'égyptien, au détriment du sénégalais. En effet, alors que Sadio porte sur ses épaules le soutien, parfois lourd, de près de dix-huit millions de sénégalais, L'Egyptien doit faire face à l'engouement de près de cent-dix millions de compatriotes. Cela, sans compter la ferveur des fans du Moyen Orient dont jouit Salah. Dès lors, force est de constater que Sadio Mané ne fait pas le poids économiquement. Les droits télévisuels, les sponsors, les ventes de maillots et le pouvoir d'achat de ses fans sont largement en faveur de l'Egyptien. Les revenus publicitaires générés par Salah sont donc sans commune mesure avec celle du sénégalais. Le choix est donc rapidement fait du côté du board de Liverpool.

En effet, Klopp et Liverpool font comprendre à Mané qu'il vit ses dernières semaines au bord de la Mersey. À bientôt 30 ans et un an avant la fin de son contrat, l'enfant de Bambali doit être cédé cet été si les Reds veulent espérer engranger quelques millions d'euros. Liverpool semble donc mettre volontairement tout en œuvre pour montrer à son joueur qu'il est temps pour lui de partir, sans quoi son statut et son temps de jeu seront dégradés la saison prochaine. Cette stratégie, largement répandue, est utilisée par les clubs afin d'inciter les départs de leurs joueurs. Une menace à peine voilée. Les conseillers des joueurs y trouvent eux aussi leurs comptes. En effet, un transfert est synonyme d'une nouvelle négociation de contrat du joueur et en conséquence, la perception d'une nouvelle commission. Bjorn Bezemer, l'agent de Sadio et son conseiller au Sénégal, restent étonnamment muets sur cette situation de détresse, mal vécue par l'enfant de Bambali, bien qu'ils disposent de nombreux canaux de communication. Au lieu de défendre les intérêts directs de Sadio, ils semblent aller dans le sens des Reds et favoriser le départ du sénégalais. Une stratégie compréhensible au niveau financier, moins en ce qui concerne le bien être du sénégalais. Quant aux conséquences sur l'avenir sportif du numéro 10, le futur est chargé d'établir l'acuité de la stratégie choisie. La tristesse qui accompagne Sadio, dans ce qui est peut-être ses derniers mois à Liverpool, est compréhensible.

Toutes les pages se tournent et le chapitre de Liverpool doit probablement, lui aussi, un jour se refermer. Le joueur reste digne dans ces moments difficiles, néanmoins, un club de la stature de Liverpool peut s'éviter de mettre en place les conditions d'un clash. Au contraire, Sadio aurait mérité d'être traité avec plus de franchise et de classe.

La classe, justement, c'est ce qui qualifie les supporters de Liverpool. Ce 22 mai à Anfield signe le dernier match du numéro 10 à domicile. Tout le monde s'en doute, tout le monde le sait, même si rien n'est officiel. Sadio offre un dernier but à ses fans. Les kopites, quant à eux, démontrent tout l'attachement et le respect qu'ils ont pour l'ailier, au regard de ses performances sportives, de ses qualités humaines et son dévouement à leur club. De quoi effacer en partie cette tristesse. Même si le cœur est lourd, Sadio ne marchera plus jamais seul.

XV. La naissance d'un leader

Tourné vers ses coéquipiers, la tête basse, Sadio Mané vient de rater son pénalty lors de la séance de tirs au but contre le Cameroun, en ce 28 janvier 2017. Un échec synonyme d'élimination pour le Sénégal, en quarts de finale de cette CAN 2017, disputée au Gabon. Sadio sait que les passions vont déchainer les critiques les plus acerbes, et il ne s'y est pas trompé. Sa propre famille ne sera pas épargnée non plus. C'est ici toute la particularité du football, de ces relations ambivalentes entre les joueurs et leurs supporters. Cet engouement populaire qui peut vous mener au firmament comme vous détruire ! Si les joueurs ont, très tôt dans leur carrière, conscience de la fragilité de cette relation, changeante et imprévisible, il en va autrement de l'autre côté de l'écran. Les supporters doivent accepter l'évidence. Si le sport permet de vivre de magnifiques émotions, c'est justement car il ne peut garantir la finalité du résultat, il n'est pas scénarisé. Tout joueur, aussi talentueux soit-il, ne peut assurer la victoire de son équipe, par sa simple présence dans les onze titulaires. La vie en elle-même est faite de hauts et de bas. Pourquoi en serait-il autrement dans le sport de haut niveau ? Mais les passionnés ne s'encombrent pas de ce type de considérations. Les joueurs sont avertis, leur vie de sportif est ainsi faite.

Les supporters sénégalais sont d'une exigence déroutante. Quand bien même ils ne sont pas les seuls au monde à vouloir, encore et toujours une victoire de leurs équipes, ils peuvent parfois avoir des comportements inélégants, aux antipodes de l'hospitalité inhérente à la Téranga, pourtant si profondément ancrée dans leur culture.

Après cette élimination aux tirs au but, Sadio Mané en larmes, est inconsolable sur la pelouse du stade de Franceville. Cheikh Ndoye et Youssouf Sabaly tentent de le calmer, de lui remonter le moral mais rien n'y fait. Le natif de Bambali se sent coupable de l'élimination du Sénégal. Se sent-il encore capable d'endosser le rôle de leader technique de la sélection ? Le poids de cette responsabilité paraît trop lourd pour le joueur qui vient tout juste de rejoindre Liverpool. Ces supporters, pourtant si fiers de ses performances en Angleterre semblent lui avoir tourné le dos. Sadio est insulté, traité de Samba Alar, un terme péjoratif qualifiant une personne d'inutile, d'inefficace à sa communauté, à son Pays mais efficace et généreux en dehors de sa communauté, de son pays. La critique est dure, très dure. Les critiques fusent de partout, certains observateurs, à travers la presse, avancent que “c'est un bon joueur mais pas encore un joueur de classe mondiale car dans les moments décisifs, importants il ne fait pas la différence”. Cette période est très difficile à vivre pour l'enfant de Bambali.

Mais plutôt que de se morfondre, Sadio Mané se retranche dans le travail, comme toujours. Il veut revenir plus fort encore, plus décisif. Malheureusement, le football moderne a beaucoup évolué, et les performances individuelles sont analysées, notamment pour les joueurs offensifs, par le prisme des statistiques. Le Nianthio veut améliorer ses chiffres devenus si importants, il doit faire plus de passes décisives et marquer plus de buts. Surtout, il doit être plus efficace pour que son talent et ses performances ne souffrent plus d'aucune contestation. Mais s'il a de nouvelles ambitions personnelles, le résultat collectif prime davantage. Son coéquipier des Reds Mohamed Salah remporte le ballon d'or africain 2018 pour la deuxième fois consécutive, devant le sénégalais. L'Égyptien a devancé Nianthio de peu, un résultat très serré. La différence s'est jouée probablement sur les statistiques et notamment le nombre de buts. Salah est le tireur de pénalty attitré de Liverpool et de sa sélection, et il est d'une efficacité implacable dans cet exercice. L'enfant de Bambali n'est pas encore aussi péremptoire dans cet exercice. Plutôt que de se cacher, Sadio veut endosser cette responsabilité, ce difficile rôle de leader de l'équipe nationale. Dès lors, il propose à son sélectionneur Aliou Cissé de tirer les pénaltys, bien que cela ne soit pas son point fort, mais aussi de jouer tous les matchs internationaux. C'est pour lui le seul moyen de combattre ses démons, et pourquoi pas, de remporter à son tour ce ballon d'or Africain. Après mûre réflexion et de nombreuses discussions, le sélectionneur lui donne son aval. Cette décision connait des débuts difficiles, et Cissé est parfois mis dans une situation inconfortable. Bien que Sadio soit le fer de lance de sa sélection, l'efficacité n'est pas toujours au rendez-vous. La gestion d'une telle star est compliquée pour le sélectionneur et c'est le début des problèmes entre les deux natifs de la Casamance. Les relations entre les deux protagonistes ne sont pas un long fleuve tranquille. La gestion du capitanat fait notamment couler beaucoup d'encre. En 2018, Aliou Cissé confie le brassard de capitaine à Sadio Mané et le retire donc du bras de Cheikhou Kouyaté, remplaçant lors des deux premiers matchs de la Coupe du Monde en Russie. Ce même brassard est rendu à Kouyaté pour le dernier match de la compétition. Sadio vit mal ce nouveau changement qu'il vit comme un véritable affront, un manque de confiance criant de son sélectionneur envers sa capacité à fédérer derrière lui ses coéquipiers. Finalement, le rôle de capitaine est confié, en 2019, à Kalidou Koulibaly. Cissé pense que son défenseur central possède un charisme plus important que celui de l'ailier des Reds, pour occuper ce rôle de relais auprès des joueurs. Cela a pour conséquence de faire naître des complications au sein du vestiaire des lions, et des clans se forment ici et là. L'ancien joueur du Paris Saint-Germain perd peu à peu le contrôle de son groupe. Il aurait convoqué une réunion avec les cadres de la tanière mais Sadio aurait boycotté cette réunion de crise. Les choix tactiques du sélectionneur sont également contestés par certains joueurs pensant être trop bridés par le schéma de jeu mis en place. Un système de jeu qui manque de profondeur, de créativité dans son animation. Les choix du sélectionneur sont trop défensifs. Les joueurs offensifs se sentent isolés, obligés de trouver des solutions individuelles. Un véritable handicap notamment pour un joueur du calibre de Sadio Mané, constamment surveillé comme du lait sur le feu par ses adversaires. Sadio sait dorénavant qu'il doit faire entendre sa voix. Il essaie de faire jouer son influence, et devient même “politique”, lorsque son conseiller laisse fuiter au gré d'interviews télévisées, ces dissensions au sein de la tanière. Il a confiance en ses capacités et estime que son talent, mis au service de l'équipe, est un atout indéniable pour mener à bien ses objectifs collectifs et individuels.

De cet épisode international si particulier pour lui, Sadio en tire une force mentale et une motivation à toutes épreuves. Peu importe la pression extérieure, peu importe le traitement qu'il subit, il a confiance en lui et sait que le travail et la persévérance sont ses principaux atouts. “Je ne perds jamais, soit je gagne, soit j'apprends”. Ces mots légendaires prononcés par Nelson Mandela siéent parfaitement à la mentalité du Nianthio, toujours avide de tirer bénéfice de chaque expérience vécue.

Autant dire que Sadio est rapidement prêt à rebondir après la triste fin de son histoire chez les Reds. Liverpool est rapidement oublié, tant les possibilités qui s'offrent à lui sont alléchantes. Le Real Madrid, Le FC Barcelone et le Paris Saint-Germain sondent rapidement l'entourage du sénégalais. Les discussions sont intéressantes mais un autre club à la priorité du joueur. C'est finalement le Bayern Munich qui a les faveurs de Mané. Le joueur est séduit par le projet du club et le discours rassurant de son entraîneur, Julian Nagelsmann.

Paris, 22 juin 2022, à bord d'un jet privé, Sadio et ses proches décollent pour Munich afin de parapher le nouveau contrat. Sadio est accompagné de son agent et de son ami Désiré. Les deux compères viennent de passer plusieurs jours de vacances en Espagne, à Majorque. Mais si Désiré fait partie de ce voyage vers la Bavière, ce n'est pas en simple accompagnateur. Footballeur comme son ami de toujours, il n'a jamais vraiment réussi à percer dans le monde du football. Après une saison timide avec la réserve du FC Metz, il continue son aventure dans plusieurs clubs de 3ème division française. S'il persévère, le Béninois n'arrive pas à passer au niveau supérieur. Il s'exile et tente l'aventure sportive dans le championnat slovaque. Désiré souffre d'un déficit de visibilité, et son talent n'est pas l'égal de celui du Nianthio. Sadio prend alors les choses en main pour venir lui venir en aide. Il contacte le petit frère de son agent qui lui trouve un club au nord de l'Angleterre en cinquième division. Le Béninois commence la saison de belle manière et espère se relancer, mais l'espoir est de courte durée, le covid 19 affecte le monde du foot, les championnats européens et mondiaux sont à l'arrêt. Après la pandémie, les liquidités manquent cruellement pour les clubs semi-amateurs, et son contrat n'est pas renouvelé. Malgré ces difficultés, il continue d'être appelé en sélection nationale du Bénin. Sadio ne lâche pas son ami et le natif de Bambali insiste pour que son ami intègre l'équipe réserve de Munich. Chose faite, Désiré Segbe est officiellement un joueur du Bayern le 1er août 2022.

XVI. Qatar 2022, le rendez- vous manqué

La machine bavaroise semble lancée, et le Bayern Munich marche déjà sur ses adversaires. Quinze buts marqués, et trois victoires de suite pour entamer la saison. Sadio est au diapason, bien qu'il occupe le poste d'avant-centre, sur lequel il est un parfait néophyte. Ses trois buts sont synonymes d'une adaptation éclair. Mais la machine s'enraye et le club enchaîne les résultats décevants. Contesté à son nouveau poste, le sénégalais est repositionné sur son aile gauche. Les résultats du club reprennent un élan positif, et Nianthio renoue avec des performances plus en adéquation avec ses qualités, même si elles ne sont pas extraordinaires.

Le 8 novembre, le Bayern reçoit, pour le compte de cette 14e journée de Bundesliga, le Werder Brême. Un match a priori sans grand danger pour sa belle série de victoires en cours. Un match qui peut paraître anodin, en pleine saison de football. Mais cet exercice 2022/2023 est un peu particulier. Pour la première fois de son histoire, la Coupe du Monde se joue en cours de saison, et non plus à la fin des compétitions européennes, comme habituellement. Le néo-bavarois a bien conscience de ce que représente ce rendez-vous mondial, d'autant plus que son Sénégal arrive en position de force, après sa victoire récente lors de la CAN. Cette Coupe du Monde promet d'être la confirmation des progrès de sa sélection. Mais Sadio n'a-t-il pas trop d'espoirs, n'anticipe-t-il pas trop cet évènement ? Malheureusement, le mauvais sort se charge de répondre à toutes ces considérations. Alors au duel à la course avec son adversaire, c'est sur un simple appuie, après seulement 20 minutes de match, que la peur s'installe. Sadio Mané s'arrête, et s'assoit sur la pelouse de l'Allianz Arena et se touche le genou droit. Les observateurs les plus avertis sont rapidement inquiets car le ralenti ne montre aucun coup reçu par l'ailier du Bayern. Sadio est donc probablement touché plus gravement. Sera-t-il forfait pour le Mondial ? La nouvelle déchaîne les journaux sportifs spécialisés. Les dépêches s'enchaînent et se contredisent. A Dakar, c'est la stupéfaction, un vent de résignation gagne presque la nation. Mais partout, on prie pour l'idole nationale. Sadio forfait, c'est un cauchemar auquel personne ne veut souscrire. Le journal sportif français l'Equipe annonce le forfait du joueur avant même toute communication officielle de la Fédération Sénégalaise de Football. Cette publication provoque un véritable tollé au Sénégal. Les Sénégalais ne veulent rien entendre. Aliou Cissé sent la pression monter et refuse d'assumer seul l'absence de Sadio. Au regard du délai assez court entre la blessure de l'ailier et le début de la compétition, la décision du sélectionneur, le 11 novembre, de maintenir sa star dans le groupe qui se rendra à Doha semble pertinente. Les examens s'enchaînent et tout un peuple attend les conclusions définitives des médecins. Pour en avoir le cœur net, le médecin de l'équipe nationale fait le déplacement à

Munich pour s'enquérir de l'état de santé du sénégalais. Les heures et les jours passent, lentement. La blessure du vice-ballon d'or France Football 2022 ne montre pas de signe positif d'amélioration. Les joueurs de la tanière s'envolent vers le Qatar, avec l'infime espoir d'être rejoints par le munichois. Mais le médecin de l'équipe sénégalaise annonce finalement, à son grand regret, l'absence de Sadio Mané pour le mondial. Les images de Sadio, dans les rues de Munich, avec des béquilles, scellent définitivement, dans le cœur de ses supporters, son forfait pour la compétition.

D'autres joueurs font les frais de ces tristes blessures, et manqueront la Coupe du Monde. Les Français Karim Benzema, Paul Pogba et Ngolo Kanté ou l'anglais Reece James ont également déclaré forfait. Une malédiction qui touche d'ailleurs plusieurs joueurs, anciens et actuels, de Liverpool. En effet, outre Sadio Mané, Philippe Coutinho, Georginio Wijnaldum, et Luis Diaz sont tous sur le carreau, en raison de blessures.

La tenue de cette Coupe du Monde en milieu de saison, et la surcharge du calendrier qui en découle ont-elles favorisé ces nombreuses blessures ? Du côté de Sadio Mané, malgré l'intense tristesse de ne pouvoir représenter son pays aux yeux du monde, il faut tourner la page, soigner cette blessure au péroné et une nouvelle, se relever, pour revenir plus fort. Une telle blessure nécessite, dans un premier temps, d'accorder à son corps un temps de récupération nécessaire à une guérison efficiente. Il profite de ces rares moments de liberté pour s'investir dans ce qui fait son quotidien depuis son plus jeune âge, sa religion. Contrairement à ses années anglaises, le sénégalais ne peut se rendre tranquillement à la mosquée pour prier. Il a bien tenté de participer aux prêches du vendredi, mais sa présence perturbait le bon fonctionnement de la mosquée. Sadio a néanmoins rencontré l'imam et entamé des discussions plus approfondies sur son culte. Sa vie de footballeur ne lui permet cependant pas de s'investir comme il le souhaite et acquérir les connaissances espérées. Néanmoins, il suit, une fois par semaine, des cours qui lui sont prodigués individuellement par un jeune imam théologien, prénommé Jihad. Originaire de Berlin, le théologien est venu étudier et traduire le Coran à Munich. Comme toujours, Sadio optimise son temps et intensifie son apprentissage. Sa blessure lui permet de suivre quatre à cinq cours par semaine. Cet enseignement permet au sénégalais de se retrouver sur le plan individuel et de suivre, d'une certaine manière, les traces de ses aïeux.

XVII. Tu ne pardonneras poing ?

Sadio signe son retour sur les terrains le 26 février 2023. Il enchaîne les bouts de matchs, sans jamais retrouver ses marques. Pire, son entraîneur le promène d'une position à l'autre, comme un joueur de complément. Dans le monde du football, les choses peuvent évoluer rapidement, voire très rapidement. Du bon, comme du mauvais côté. L'accueil chaleureux, reçu par Sadio Mané lors de son arrivée à Munich et ses photos, aux couleurs de son drapeau national, projetées sur les écrans géants de l'Allianz Arena avaient ému l'ancien joueur du FC Metz. Jamais un joueur africain n'avait reçu un tel accueil, une telle ovation. Sadio Mané devenait, en signant au Bayern Munich, le joueur africain le mieux payé en Allemagne. Mieux, avec un salaire annuel estimé à vingt-deux millions d'euros, il est l'un des joueurs les mieux payés du championnat. Le samedi 30 juillet 2022, l'attaquant Sénégalais remportait son premier trophée avec le Bayern Munich en finale de la Supercoupe d'Allemagne face à Leipzig (5-3), sur la pelouse de la Red Bull Arena. Lors de ce match, Sadio Mané Sadio Mané s'offrait son premier but officiel sous les couleurs de son nouveau club, après six années passées sur les bords de la Mersey. Un grand club pour un grand joueur, cela semble être, naturellement, une association parfaite.

Mais Sadio Mané rencontre de nombreuses difficultés qui engendrent un réel malaise au sein du club. Sa blessure, bien entendu, est un facteur majeur de cette rupture de confiance entre les deux protagonistes. Absent des terrains pendant plusieurs mois, il n'a pas pu retrouver rapidement sa forme habituelle. Les résultats du club sont satisfaisants sans pour autant bénéficier d'un apport sportif conséquent de leur nouvelle recrue. Le club s'interroge donc logiquement sur la rentabilité de l'investissement salarial proposé à son nouvel attaquant. En pleine phase de réathlétisation, Sadio souffre naturellement d'un réel déficit de performance. Mais les supporters restent exigeants envers le natif de Bambali. L'attente devient pesante, très pesante. La concurrence est forte à Munich et l'ailier sénégalais n'est plus titulaire. La star est devenue un simple joueur de rotation. La situation commence à être intenable pour Sadio, son statut est en train d'évoluer défavorablement. Pourtant son recrutement par le club bavarois est cohérent. Mané n'a jamais eu pour vocation de remplacer le buteur Lewandowski sur le plan sportif. Mais son "aura" naturelle devait calmer les supporters des "Rouges", tristes de perdre leur légendaire attaquant polonais, parti vers le FC Barcelone. L'amalgame ne prend pas sur le plan sportif et Sadio ne retrouve pas la relation fusionnelle avec son public, comme il pouvait l'avoir à Liverpool.

Sur le plan personnel, le 10 avril 2023, jour de son anniversaire, Sadio Mané fait face à un nouveau coup dur. Sa tante maternelle, Fanté Touré a été rappelé à

Dieu. Une personne chère à ses yeux. Touré kunda[12] est en deuil, Bambali est triste. La famille a longtemps hésité. Faut-il informer immédiatement Sadio de cette triste nouvelle ou attendre le lendemain, après son match face à Manchester City, en quart de finale de Ligue des Champions ? Son oncle Sana Touré prend les choses en main, « *Sadio est très proche de sa tante qui vient de rendre l'âme, et même si c'est très dur, il faut lui annoncer la nouvelle* ». En bon croyant, la seule chose à faire dorénavant pour le joueur, est d'accepter la volonté divine. C'est dans ces conditions que l'attaquant sénégalais prépare son match de ligue des champions aller contre Manchester city en Angleterre.

Manchester, 10h du matin. La gare de Victoria commence à accueillir les premiers supporters allemands du Bayern Munich, ainsi que les supporters des Citizens, venus de l'ensemble du Royaume-Uni, pour suivre ce match aller des quarts de finale de Ligue des Champions. Vers midi, l'ambiance commence à se faire sentir, le centre-ville s'anime avec des chansons de supporters des deux clubs. Supporters et touristes se mélangent dans les bars et restaurants de la ville. Autour de grandes pintes de bière, la ville ne parle ni anglais, ni allemand mais une seule langue, celle du football. Pas un mot plus haut que l'autre, pas un geste de violence, mais une certaine fraternité sportive. A 16h, l'Ashton New Road, route vers l'Etihad stadium est bondée alors que le match ne commence que dans 4 heures. Bienvenue au royaume du football !

---

[12] Famille Touré c'est-à-dire la famille Maternelle. Cette expression est souvent utilisée en Casamance. Nom de famille d'abord ajouté le kunda comme par exemple les Touré kunda célèbre groupe musical de la Casamance.

Sadio Mané est un habitué de ces matchs à haute intensité. Cette compétition, il la connaît bien, elle le transcende. Il démarre le match sur le banc et rentre en cours de match à la 70éme minute, à la place de Jamal Musiala. Un match timide de sa part, à l'image de toute l'équipe du Bayern. Les Citizens sont meilleurs et les Allemands s'inclinent lourdement 3 buts à 0. Avec ce score sans appel, le Bayern est quasiment éliminé de la plus belle des compétitions européennes. Outre l'aspect sportif, cette défaite entraîne des conséquences bien plus lourdes et étonnantes, sur le vestiaire munichois.

Les journaux et les réseaux sociaux sont en ébullition et la nouvelle fait rapidement le tour du monde : « Sadio Mané aurait frappé Leroy Sané », « Bagarre entre Mané et Sané ». Sadio Mané et son coéquipier d'origine sénégalaise, Leroy Sané, en seraient venu aux mains après le match. Comment croire de telles informations en connaissant l'historique de l'enfant de la Casamance ? Le natif de Bambali se bat contre la pauvreté, il se bat pour l'éducation des jeunes, il se bat pour l'emploi de ses concitoyens mais il ne se bat pas contre un homme. Ce ne sont pas les valeurs qu'il défend, lui, le lauréat du premier prix Socrates. Qui croire ? L'information est d'autant plus surprenante qu'elle renvoie dos à dos deux joueurs issus de la même région du Sénégal, la Casamance. Certes, Sané n'est pas autant ancré dans la culture sénégalaise que son aîné. Quand bien même il suivi l›initiation du peuple Diola appelée le « Bukut »[13] à Diégoune, dans le village de son père, en Casamance. Cette initiation capitale permet aux jeunes garçons de

[13] Rite d'initiation de l'entrée au bois sacré chez les diolas. Cette initiation permet de traverser le stade d'enfant au stade d'homme, c'est une démarcation entre l'immature et le mature.

passer au statut d'homme et à devenir respectueux. Son père, l'ancien footballeur Souleymane Sané, va probablement se charger de lui remémorer ce passage, peut-être oublié par son jeune fils ? Sadio Mané, lui, est bien attaché à sa culture mandingue, où le pardon et la solidarité sont importants. S'est laissé emporter par ses émotions ? Si Sadio en est arrivé là, c'est le signe d'un mal être profond, d'une personne pleine de craintes, d'angoisses, de fragilités. La Bayern Munich procède à une enquête interne dont on ne connaîtra jamais réellement les conclusions. Les deux joueurs enterrent la hache de guerre, mais c'est bien Sadio qui est poussé, officieusement, vers la sortie.

XVIII. L'Arabie Saoudite, un nouveau départ ?

La saison allemande touche à sa fin. Dortmund, en tête à l'aune de cette dernière journée, doit simplement gagner son match à domicile face au FSV Mainz, correct club de milieu de tableau, pour remporter le titre. Mais cette ultime journée est riche en suspense. Alors qu'il avait toutes les chances de décrocher le titre de champion, les jaunes et noirs ne peuvent faire mieux que match nul, 2 à 2. Le Bayern profite de sa victoire, acquise à la 89e minute, sur un but de Musiala, pour ravir miraculeusement le titre à son rival.

Après cette fin de saison, Mané rentre au Sénégal pour prendre des vacances et se ressourcer, cherchant à s'éloigner quelque peu du football. Il profite de moments en famille, participe à des matchs de gala avec ses amis, et déménage dans sa nouvelle maison Dakaroise, située dans le quartier chic de la capitale, Fann Résidence. Pour fêter sa nouvelle installation, toute sa famille s'est réunie. Sa mère, ses oncles, ses cousins, ses amis et quelques guides religieux, sont conviés pour une journée de prières et de convivialité. La journée se déroule dans une ambiance festive. En fin de soirée, la nouvelle résidence se vide, petit à petit. Sadio se retrouve seul avec son oncle, Sana Touré, et en profite pour discuter de football, faire le bilan de sa saison au Bayern, et évoquer de nouveaux projets éventuels. Bien qu'il soit en vacances, le football reste omniprésent dans ses pensées quotidiennes. Malgré sa fin de saison ratée, le joueur du Bayern a reçu des offres de nombreux clubs anglais, dont Newcastle et Chelsea. Pourtant, Sadio souhaite rester en Bavière afin d'y faire ses preuves, après sa saison mitigée sur le plan individuel, malgré le sacre en Bundesliga. Et ce, bien que l'entraîneur allemand, Thomas Tuchel, ait signifié à Sadio qu'il ne comptait pas sur lui dans le projet sportif de la saison 2023-2024 du Bayern. En effet, depuis son différend avec Leroy Sané, Sadio Mané n'a jamais réussi à redorer son image auprès du staff et des joueurs du Bayern. Son statut évolue négativement. En manque de temps de jeu, il se retrouve régulièrement sur le banc des remplaçants, et ne bénéficie que de maigres minutes sur le terrain. Son entrée en jeu, à la 86e minute de jeu, lors de l'avant dernière journée de championnat est humiliante pour un joueur de son statut. Quatre petites minutes de jeu alors que la défaite du Bayern Munich, mené 3 buts à 1 est déjà acquise. Frustré et déçu, Sadio est rentré directement aux vestiaires, sans saluer le public. Malgré cette annonce, le double ballon d'or africain, toujours sous contrat avec le Bayern, est parti en vacances l'esprit libre. Il souhaite rester et relever le défi qui se présente à lui. Pour lui, partir serait un échec.

Les Saoudiens du club d'Al-Nassr ont conscience du contexte difficile dans lequel évolue le sénégalais et entrent en contact avec son entourage. Bien que réticent à faire partie du nouveau projet de développement de ce championnat, les contacts attisent la curiosité du joueur. Il en discute avec son entourage, notamment son oncle et quelques proches, ils partagent leurs pensées. Les discussions s'accordent sur une même conclusion, Sadio quitter le Bayern Munich ne doit plus être un tabou. A la fin des vacances, l'enfant de Bambali rentre en Allemagne et rejoint l'équipe pour le stage de présaison et le voyage au Japon. Sadio est présent dans le groupe, mais lors d'un second entretien, l'entraîneur allemand lui confirme à nouveau le nouveau projet sportif dans lequel le Sénégalais ne tient pas un rôle central. Sadio se sent définitivement isolé, mis au ban. Il ressent ce sentiment encore plus intensément, chaque matin lors de son arrivée au complexe d'entraînement du club. S'il salue toujours poliment ses coéquipiers, ces derniers ne prennent pas tous la peine de lui répondre. Certains, en particulier les joueurs allemands, ne lui adressent même plus la parole, toujours affectés par l'affaire Leroy Sané.

Alors qu'il est à Tokyo, en ce premier jour de stage de préparation, le 15 juillet 2023, son esprit est ailleurs. Peut-être à Riyad, en quête d'un avenir meilleur. Son téléphone et celui de son agent ne cessent de sonner, les courriels s'accumulent tout au long de la journée, et il sent que son avenir en Bavière est compté. Le club saoudien d'Al Nassr se montre très intéressé. Après de nombreux entretiens téléphoniques et des offres officielles reçues par courrier électronique, le staff de Sadio et les dirigeants d'Al Nassr se donnent rendez-vous à Dubaï. Il est temps de passer à la vitesse supérieure, de négocier un éventuel contrat. Le Bayern a déjà donné son aval au joueur pour traiter avec le club saoudien. Toutes les parties trouvent rapidement un accord. Il ne reste plus qu'à officialiser l'arrivée de Sadio Mané dans cette nouvelle galaxie des stars qui ont rejoint le championnat saoudien. Benzema, Ronaldo, Kanté, et bien d'autres encore croiseront le fer avec l'international sénégalais.

Quelques jours avant l'officialisation, Sadio a appelé son oncle Sana Touré pour lui annoncer qu'il allait finalement rejoindre le club saoudien. Il a exprimé le souhait que son oncle soit présent lors de sa signature. Sana prend donc le vol du samedi 29 juillet 2023 à 14h à l'aéroport Blaise Diagne de Dakar, en direction de Dubaï. Sadio sent son oncle fatigué par le décalage horaire et son long voyage de neuf heures, et le laisse tranquillement se reposer le dimanche. Le lundi 31 juillet 2024, après le petit-déjeuner, Sadio s'entretien avec son oncle à l'hôtel où ils logent tous deux, pour évoquer son nouveau contrat en Arabie Saoudite. Sana lui exprime son soutien en indiquant qu'il a la bénédiction de toute la famille. Il précise qu'avec ce soutien, Sadio doit se sentir renforcé dans son choix. Il ajoute que sa décision de quitter l'Allemagne était un bon choix, et il était heureux d'être là pour le soutenir et représenter la famille. C'est la première fois que Sana est présent à ses côtés, lors de la signature d'un contrat, depuis qu'il est devenu professionnel.

Quelques heures après l'entretien avec son oncle, une seconde réunion a lieu, cette fois avec son staff, composé de son agent Bjorn Bezemer et de son conseiller Bacary Cissé. L'ambiance est un peu tendue. Sana souhaite avoir des explications claires sur les détails du contrat, les négociations, et la part de chacun dans le processus. Il pose beaucoup de questions techniques. Les conseillers du joueur sont surpris, voire mal à l'aise devant la maîtrise de leur interlocuteur. L'oncle reproche à Bacary Cissé de ne pas être un bon conseiller et d'avoir écarté sa famille, pendant toutes ces années, lors des négociations de contrats. L'atmosphère est délétère, les deux hommes évitent que leurs regards ne se croisent et le trajet, en voiture, pour se rendre vers le lieu de la visite médicale est pesant. Sadio joue de la diplomatie, effectue le travail devant la presse présente pour la confirmation de la validation de sa visite médicale. Bacary se fait discret, restant à l'écart, tandis que l'agent allemand se met en avant. Sadio demande à son oncle de s'installer en premier dans la voiture avant de s'asseoir à ses côtés. L'agent et le conseiller s'installent, quant à eux, à l'arrière du véhicule. De retour à l'hôtel, chacun retourne dans sa chambre pour préparer le voyage vers l'Arabie saoudite, en vue de la signature officielle du contrat. Le mardi 1er août 2023 Sadio Mané devient officiellement joueur d'Al Nassr avec un contrat de 40 millions d'euros par an pour trois ans. L'histoire dira ce qu'il en est de cette aventure saoudienne. Exotique et économique pour certains, avant-gardiste pour d'autres. Quoiqu'il en soit, seul Sadio connaît l'orientation qu'il souhaite donner à sa carrière, et plus encore, à son avenir en tant qu'homme. L'Arabie Saoudite est, à tout le monde, une simple étape dans sa vie, mais peut-être, aussi, le chemin qui le mènera vers le destin familial auquel son patronyme le prédestine depuis sa naissance.

Epilogue

Promesse tenue ?

Le départ de Bambali, de Sadio Mané, a représenté un immense espoir pour son village. Tout au long de sa carrière, il n'a jamais dévié de la mission dont il s'est senti investi. Bien que bon élève, il a toujours souhaité réussir par le football pour aider son village. L'épopée de N'Fally Sadio Mané s'inscrit dans un environnement géographique et social qui dit beaucoup de choses, tant concernant l'influence de ce cadre sur l'évolution de son enfant prodige, que sur l'attente, qui pèse sur les plus jeunes, parfois seuls vecteurs des espoirs d'amélioration des conditions de vie de leur communauté. C'est bien là tout l'intérêt de connaître ce parcours afin de savoir ce qui a fait de Sadio Mané, l'homme qu'il est devenu.

Si l'on devait s'attacher à simplement décrire ses prouesses footballistiques, les vidéos seraient plus parlantes et cette biographie n'aurait plus aucun sens. Le Sénégal a connu de multiples talents : Jules Bocandé, meilleur buteur du championnat français durant la saison 1985-1986 et El Hadj Diouf, avec ses qualités de dribble, sont les plus cités. Pour autant, aucun d'entre eux n'a laissé une telle empreinte dans un championnat national (Premier league), au niveau européen, africain et même international (nominé plusieurs fois au Ballon d'or France football). Mais, ce qui interpelle les observateurs attentifs de cette ascension, c'est l'humilité et la discrétion dont l'ancien pensionnaire de Génération Foot fait preuve en dehors du rectangle vert.

Sadio peut se prévaloir d'avoir tenu ses deux promesses. Celle qu'il s'est fait à lui-même de devenir un joueur professionnel, connu au-delà des frontières sénégalaises, mais aussi et surtout d'être sur le plan social et sociétal, à la hauteur de l'enthousiasme que son départ a suscité dans le village.

Index

Remerciements de Bassirou Sakho

L'écriture du présent ouvrage doit beaucoup aux soutiens inestimables des collègues et amis. Je voudrais ici par quelques mots leur savoir gré pour les conseils qu'ils m'ont prodigués et les commentaires constructifs qu'ils m'ont adressés. Sans être exhaustif, je voudrais citer Amadou Thiourou Barry, Fadi El Hage, Malado Traore Barry ,Moustapha Mbaye, Samboudiang Sakho, Touneuf Mendy, Elgas, Adama Diourté, Mouhamadou Fadel Ka, Alpha Amadou Thiam, coach Souleymane Diallo, Abdoulaye Diawara, Arfang Bourama Diémé, Mouhamed Lamine Cissé, au doyen Djibril Cissé, à Ibrahima Touré (le maire de Bambali), à la famille Aidara de Londres, mon oncle Hassan Souroua Aidara et son épouse Mariama à leur enfants Aliou, Umme, Sheriff Suleyman, Amir, mon Cousin Abib Aidara, ma cousine Abby Saho à Cardiff etc.

Je n'oublie pas les membres de ma famille qui m'ont énormément soutenu tout au long d'un exercice aussi exigeant que fut l'écriture de cette biographie.

Un grand merci également à toutes les personnes qui ont connu Sadio Mané durant son séjour à Metz, à Salzbourg, à Southampton et à Liverpool pour les anecdotes qu'elles m'ont racontées.

Que trouve ici tous ceux et celles que j'ai nommément cité ou non l'expression de ma profonde gratitude.

A Yaye Fama Sakho, A Sanou Sakho,

Remerciements de Yannick Rauch

Merci à tous ceux qui liront les prochaines pages de ce livre, issues d'une aventure initiée il y a plus d'un an. Un merci encore plus grand à tous ceux qui ont acheté cet ouvrage, quand bien même ils ne prendraient pas le temps de le lire...

A liz et Ana, que ce livre vous inspire un jour,
A ma famille, pour son soutien sans faille,
A mes amis, de Lorraine et d'ailleurs.

Dépôt légal N°10000000940473

Printed in Great Britain
by Amazon

35848755R00086